お金の整理整頓が
スラスラできる！

書いて備忘録

読んで役立つ

\\ お金を活かす //
ハッピーエンディング
ノート

　今の時代、いつ何が起こっても
おかしくはありません。もし、自分や
家族が突然、意思表示ができない状態になったとしたら、誰もが
どうしたらよいのかわからず、慌ててしまうでしょう。そんなと
き、医療や介護についての希望や、資産についての情報などがま
とめてあれば、看護者や介護者は本人の希望に近い医療や介護の
プランを立てることができるでしょう。また、資産の情報があれ
ば医療や介護、葬儀などの費用をどこからどのように出せばよい
のかも検討できるため、身内にかける手間や精神的、金銭的な負
担を減らすこともできるでしょう。

　この『お金を活かす　ハッピーエンディングノート』は、書く
ことで自分の気持ちや資産を整理でき、自分の中にある不安や問
題点が見えてくるので、これからどのように生きていきたいか、
資産をどのように整理するべきかなどを考えて行動できるように
なります。このノートをプレッシャーに感じないでください。気
軽に書けるように、いつも目につくところに置いて日記のような
感覚で、気が向いたときに書けるところから埋めていきましょう。
そして気に入っていただけたなら、あなたの大切な人へ
プレゼントしてください。この本があなたや家族の
助けになることを心から願っています。

ファイナンシャルプランナー
消費生活アドバイザー
丸山晴美

JN046525

1

お金を活かす　ハッピーエンディングノート

3章　大切な人に残すことをまとめる ⸺ 42

※　本書で取り上げた情報や制度などは、原則2023年1月末現在のものです。

この本の使い方

この本は、1章「自分のお金を知る」、2章「病気・介護でかかるお金」、3章「大切な人に残すことをまとめる」の3章で構成されています。

- ◆気が向いたらすぐにノートが開けるようにいつも目につくところに置いておきましょう。最初から書く必要はありません、パラパラめくって書けるページの書ける項目から埋めていきましょう。
- ◆資産状況や気持ちなどは常に変わるものです。その都度書き直せるように、鉛筆や消せるボールペンなどで書きましょう。
- ◆個人情報やパスワードなどを記入する箇所が多いので、気になる人は100円ショップなどで売られている個人情報保護シールを貼っておくと人目に触れにくくなります。
- ◆パソコンなどで記録しているものがあれば、備考欄などにファイル名を記入して見る人がわかるようにしておきましょう。
- ◆誕生日など決まった日や気分が向いたときに自分が書いた内容を見直して、情報を最新のものに書き換えましょう。

こんなときに役立つ！
~日本葬祭アカデミー教務研究室代表　二村祐輔さんからのアドバイス~

これまでの自分を振り返る

財産やお金のことも含めて、自分の現状を記入していくことで、これまでの自分の人生と暮らし方を改めて振り返ることができます。振り返ることでこれからのことを前向きに考えられるように。

これからしておくことを考える

エンディングノートに記入していけば、これから自分がしておきたいことを整理できます。実現できるかどうかは別にして、「自分の希望」を明確にしていくことで、漠然とした不安が軽減されます。

家族に自分の希望を伝える

エンディングノートは、自分の死後に家族などが見るというのではなく、今から自分の希望を伝えていくために活用できます。コミュニケーションを取りつつ伝えられることがメリットです。

1章の目的

▶ 預金口座や証券口座情報などの金融資産の状況を見える化します

▶ プラスの資産だけではなく、負債も書いておきましょう

▶ クレジットカードや電子マネーなどの見えにくい情報を整理しましょう

2章の目的

▶ 健康保険の制度や介護保険の制度を理解しておきましょう

▶ かかりつけ医や持病の記録と、どんな医療を受けたいか希望を書きます

▶ 介護や終末期医療についての希望と、その費用をどこから出してほしいかを書きます

3章の目的

▶ 相続や遺言書のルールを知って、必要に応じて作成しましょう

▶ 葬儀やお墓の希望と、その費用をどこから出すのかを書いておきましょう

▶ 生前整理、デジタル遺産、ペットのゆくすえについて、記録と希望を書きましょう

できるところから書き込んでいきましょう！

STEP 01 私の基本情報

自分の情報を記録しておきましょう。具体的な個人情報を記入しておくことで、紛失時の照合などに役立ちますが、不正使用される恐れがあるので、**管理には気をつけましょう。**

■ 私のプロフィール　戸籍の漢字とふりがなのほか、別名があれば記入しましょう　記入日　年　月　日

名前	ふりがな	ふりがな
		(別名)
旧姓		

生年月日	年　(和暦　　年)　月　　日

本籍	
出生時の本籍	
現住所	〒
固定電話	FAX
携帯電話	
メールアドレス1	(PC・携帯)
メールアドレス2	(PC・携帯)
勤務先名	
勤務先住所	〒
電話/FAX	

MEMO

....

....

....

....

....

....

■ 保険証・免許証など

記入日　　　年　　月　　日

名称	記号・番号など		有効期限	備考（交付者など）
運転免許証	番号			
パスポート	旅券番号			
マイナンバーカード	個人番号			
印鑑登録証明書	（有・無）	マイナンバーカードへの紐づけ（有・無）		
健康保険証	被保険者番号			交付者
後期高齢者医療被保険者証	被保険者番号			交付者
介護保険被保険者証	被保険者番号			交付者

資格名	登録番号	有効期限	備考（交付者など）

MEMO

....
....
....
....
....
....
....

1章 自分のお金を知る

1章ではお金の整理整頓をして、「見える化」を実現しましょう。表を埋めるだけで、収入や支出がわかり、保険の見直しや休眠口座や使っていないクレジットカードの解約の必要性に気づき、ポイントや有価証券、不動産、貴金属などの現金以外の資産整理にも役立ちます。さらにリボ払いやマイカーローンなどの負債を記入することで、返済の優先順位も見えてきます。

1章でやることリスト

- ☐ 収入と支出の状況の把握
- ☐ 口座引き落としになっているものの確認
- ☐ 銀行口座や証券口座の整理
- ☐ 家や土地などの不動産や、絵画、貴金属などの動産の整理
- ☐ 生命保険や損害保険の整理と見直し
- ☐ 借入金の把握と整理
- ☐ キャッシュレス決済の整理とポイントカードの把握
- ☐ 老後のサポート契約を知って備える

1章で取り組むことの解説

　この章ではお金や資産にまつわるあれこれを、書きながら整理整頓していきます。お金まわりがバラバラで散らかっていると、本当の資産状況がわからず老後のプランも立てにくくなります。また、資産の全体像が見えないことで、老後のお金に漠然とした不安を抱えることになってしまったり、逆に楽観視しすぎていざお金が必要となったときに、足りなくて困ってしまうかもしれません。

　まずは毎月支払っているお金を書き出すだけでも、その出費が本当に必要かどうか考えるきっかけを与えてくれ、あまり使っていないサブスク（サブスクリプション＝定額利用サービス）を解約するなどの見直しができれば、それ以降その分は貯蓄や生活費にまわすことができるようになるでしょう。また、使っていない銀行口座やクレジットカードなどを解約することで、紛失や不正利用のリスクを減らすことができます。保険も、加入した当時と今とで、必要な保障・補償が変わっていれば、見直す必要があるかもしれません。

　ほかにも口座名義や不動産の名義が旧姓のままだったり、住所変更をしていない場合も、これをきっかけに現状の正しい情報に修正しておきましょう。

STEP 02 収入を記入する

収入は給与や年金だけではありません。**副業**や**家賃収入**などさまざまです。どこからどのくらい収入があるのかを整理してみましょう。

給与は手取り収入を記入しましょう。月収、年収どちらでも OK！
ほかの収入も手取り収入を書きましょう。

記入日　　　年　　月　　日

	収入金額	支給元	入金口座など	備考（入金日など）
給与（月）	円			
給与（年）	円			
ボーナス	円			
年金①	円			
年金②	円			
年金③	円			
副業	円			
不動産 （家賃収入など）	円			
配当	円			
利子	円			
仕送り	円			
	円			
	円			

COLUMN 01　収入はさまざま

毎月の給与や 2 カ月に 1 度支給される公的年金だけではなく、家賃収入や家族からの仕送りなど、収入の種類はさまざまです。収入状況を見ながらパートタイムで働いたり、着付け指導など自分の特技をお金にする副業を検討してもいいですね。

STEP 03 口座引き落としで支払っているものを記入する

公共料金など毎月支払っているお金を整理していきましょう。銀行引き落とし、もしくはクレジットカード払いなど一覧にすると管理がしやすくなります。記入欄が足りない場合はコピーしてください。

記入日　　年　　月　　日

項目	銀行 / 支店名 / クレジットカード	口座番号	引落日	備考（金額、連絡先など）
家賃・住宅ローン				
管理費など				
電気料金				
ガス料金				
水道料金				
固定電話				
携帯電話				
NHK受信料				
新聞代				
国民年金保険料				
国民健康保険料				
固定資産税				
保険料				
保険料				
保険料				

COLUMN 02　定期購入の加入状況をチェック

サプリメントなど毎月定期的に送られてくるものや、有料動画配信サービスなどのサブスクに加入している場合も、空欄に記入して備考欄には連絡先などを書いておきましょう。サプリが溜まっていたり、有料動画もあまり見ていないのであれば、解約をしてその分貯蓄にまわしましょう。解約したら、備考欄に解約した日付などを記入しておきましょう。

口座整理を
しておくのが大事なのはなぜ？

相続をするにあたって、誰もが通らなければならないのが、「相続財産調査」です。資産・負債をすべて調べ、それをもとに、どのように相続するかを決めるもので、とても大切です。負債が多ければ、「相続放棄」や相続財産を責任の限度として相続する「限定承認」が選択でき、これは自分に相続の開始があったことを知ったときから3カ月以内にしなければならないとされています。

何も情報がない状態で相続が開始されると、まずはキャッシュカードや通帳など金融機関との取り引きがあったことがわかるものを探すところから始まります。ときには「粗品」のタオルの金融機関名などの印字から糸口を探ることもあるそうです。そこですべて見つかればよいのですが、そううまくいくとは限りません。銀行口座や証券口座をネットで管理していた場合、たどり着くまでにさらに時間がかかることがあります。つまり、口座を開設している金融機関があらかじめわかっているだけでも、相続人は調べる手間が大幅に省けるのです。

もちろん、調査に時間がかかるときは、家庭裁判所に期間を延長してもらうことも可能です。しかし、後から新たな口座などが発見されたら、さらに面倒になることもあります。そうならないためにも、情報はあればあるだけよいのです。

以前は1つの銀行でも複数の口座を持つことができました。その名残りで1つの銀行でいくつもの口座があるときは、口座を1つにまとめる手続きをしてもらいましょう。また、旧銀行名の通帳が出てきた場合、現金融機関の窓口へ行き、解約の手続きをしましょう。口座を解約する場合は、窓口で必要な書類がありますし、場合によっては予約が必要になるので、事前に金融機関に問い合わせをしましょう。

銀行口座？　証券口座？

まとめ

☑ ペーパーレスの時代だからこそ情報を記録しておく

☑ 銀行口座や証券口座の情報があるだけでも相続がラクになる

☑ 旧姓や旧住所の口座は早めに変更や解約手続きを

私の資産情報①
銀行の預貯金口座

預貯金がある口座を書き込んで、整理をしましょう。欄が足りない場合はこのページをコピーするか、よく使う口座を記入して不要な口座は解約してスッキリさせましょう。

記入する金融機関は、ゆうちょ銀行や都銀、地銀、ネット専業銀行（窓口がなくインターネットで取り引きをする銀行）、信託銀行、信用金庫、海外口座などです。預金の種類や通帳の有無は該当する項目に○を。通帳欄のネットとは、紙の通帳がなくアプリなどで残高を確認するネット専用通帳のことをいいます。

記入日　　　年　　月　　日

銀行名	大江戸銀行	支店名	港支店	口座番号	123456789	口座名義人	大阪 京子
種類	⊙普通・定期・貯蓄・当座・他（　　　）	通帳	⊙有・無・ネット	備考	生活費用		

銀行名		支店名		口座番号		口座名義人	
種類	普通・定期・貯蓄・当座・他（　　　）	通帳	有・無・ネット	備考			

銀行名		支店名		口座番号		口座名義人	
種類	普通・定期・貯蓄・当座・他（　　　）	通帳	有・無・ネット	備考			

銀行名		支店名		口座番号		口座名義人	
種類	普通・定期・貯蓄・当座・他（　　　）	通帳	有・無・ネット	備考			

銀行名		支店名		口座番号		口座名義人	
種類	普通・定期・貯蓄・当座・他（　　　）	通帳	有・無・ネット	備考			

銀行名		支店名		口座番号		口座名義人	
種類	普通・定期・貯蓄・当座・他（　　　）	通帳	有・無・ネット	備考			

銀行名		支店名		口座番号		口座名義人	
種類	普通・定期・貯蓄・当座・他（　　　）	通帳	有・無・ネット	備考			

銀行名		支店名		口座番号		口座名義人	
種類	普通・定期・貯蓄・当座・他（　　　）	通帳	有・無・ネット	備考			

私の資産情報②
証券口座などの投資・運用情報

銀行以外の証券会社の口座などの情報と、どのような金融資産を保有しているかを記入しておきましょう。ここで記入するのは、**証券口座**、**FX**、**純金積立**、**国債**、**ゴルフ会員権**や**リゾート会員権**などの情報です。

支店がない場合もあります。取引内容は、大まかに株と書いても、詳細に銘柄、株数を書いてもOK。

記入日 　　　年　　月　　日

金融機関	○×証券	支店名	東京本店	口座番号	123456-8	口座名義人	○岡○子
取引内容	○△ドラッグ株式会社 100株　100円ショップ株式会社　300株　投資信託　100万円						

金融機関		支店名		口座番号		口座名義人	
取引内容							

金融機関		支店名		口座番号		口座名義人	
取引内容							

金融機関		支店名		口座番号		口座名義人	
取引内容							

金融機関		支店名		口座番号		口座名義人	
取引内容							

金融機関		支店名		口座番号		口座名義人	
取引内容							

金融機関		支店名		口座番号		口座名義人	
取引内容							

金融機関		支店名		口座番号		口座名義人	
取引内容							

PIONT ゴルフ会員権やリゾート会員権など権利書があるものは、まとめて保管しておきましょう。盗難や災害などのリスクに備えたい場合は、銀行や専門業者が取り扱っている貸金庫の利用をおすすめします。

実物資産には、**金**や**プラチナのコイン**、**宝石**や**宝飾品**といった**貴金属**、**絵画**や**骨董品**、**着物**、**ブランドバッグ**や**時計**などがあります。ほかにも**洋酒や切手**、**記念コイン**、**トレーディングカード**といった**コレクター商品**などがあり、価値があると思われるものは記入しましょう。

品数が多い場合はこのページをコピーして利用を。貸金庫などに預けている
場合は、「有」に○印を、売却した場合は、「済」か✓チェックを入れましょう。　　　記入日　　年　　月　　日

品目・名称	黒のケリーバッグ	ブランド・メーカー名	エルメス	貸金庫	売却
購入時価格	80万円	備考	箱・ギャランティカードあり	有・無	済

品目・名称		ブランド・メーカー名		貸金庫	売却
購入時価格		備考		有・無	

品目・名称		ブランド・メーカー名		貸金庫	売却
購入時価格		備考		有・無	

品目・名称		ブランド・メーカー名		貸金庫	売却
購入時価格		備考		有・無	

品目・名称		ブランド・メーカー名		貸金庫	売却
購入時価格		備考		有・無	

COLUMN 03　貸金庫やトランクルームに預けられるものと預けられないもの

貸金庫は主に銀行や専門の業者で利用することができます。預けることができるものは、預金通帳、預金証書、契約書、権利書、有価証券、遺言書、保険証券といった重要書類や、宝石や宝飾品などの貴金属類。ほかには家族のアルバムや手紙、日記なども預けることができます。危険物や変質の恐れがある品物は預けることができません。また、金庫のサイズによっては収められないことがあるので、契約をする際は、サイズを確認しましょう。利用料金はサイズによっても異なりますが、6カ月で1万～2万円ほどです（別途保証金などが必要な場合もあります）。

バッグや衣類、家電、アウトドア用品、書籍、スーツケースなど比較的大きなものはトランクルームに預けることができます。この場合も、生き物や危険物（ガソリン、灯油など）など預けられないものもあるので、注意が必要です。

私の資産情報④
不動産

不動産は、**自宅**だけではなく**家賃収入がある収益物件**、**田畑**などがあります。所在地だけでなく、権利関係も整理しておきましょう。所有権なのかそれとも借地権なのか、抵当権の設定がされているかどうか、名義人は誰なのか登記簿で確認しましょう。登記簿謄本が見当たらない場合は、最寄りの法務局もしくはオンラインで、土地・建物の登記事項証明書を取得しましょう。

所在地は登記簿に記載されている地番で記入。種類や用途は当てはまるものに✓をして、抵当権の設定があれば有に○と抵当権者を記入しましょう。　　　　記入日　　　年　　月　　日

所在地	
不動産の種類	□土地　□建物　□農地　□山林　□雑種地　□その他
現状の用途	□所有権（土地・建物）　□収益物件　□更地　□借地権　□借家権　□永小作権　□その他
名義人（共有者）	共有持分割合
抵当権の設定	有・無　　有の場合：抵当権者
備考	

所在地	
不動産の種類	□土地　□建物　□農地　□山林　□雑種地　□その他
現状の用途	□所有権（土地・建物）　□収益物件　□更地　□借地権　□借家権　□永小作権　□その他
名義人（共有者）	共有持分割合
抵当権の設定	有・無　　有の場合：抵当権者
備考	

所在地	
不動産の種類	□土地　□建物　□農地　□山林　□雑種地　□その他
現状の用途	□所有権（土地・建物）　□収益物件　□更地　□借地権　□借家権　□永小作権　□その他
名義人（共有者）	共有持分割合
抵当権の設定	有・無　　有の場合：抵当権者
備考	

所在地	
不動産の種類	□土地　□建物　□農地　□山林　□雑種地　□その他
現状の用途	□所有権（土地・建物）　□収益物件　□更地　□借地権　□借家権　□永小作権　□その他
名義人（共有者）	共有持分割合
抵当権の設定	有・無　　有の場合：抵当権者
備考	

PIONT　不動産の名義が故人の場合は、現在の所有者の名義に変更（相続登記もしくは所有権移転登記）をしておきましょう。不動産の名義変更には「登録免許税」がかかります。名義変更は法務局の窓口もしくはオンラインでできます。
登記・供託オンライン申請システム = https://www.touki-kyoutaku-online.moj.go.jp/

STEP 09 不動産・保険の情報が大切な理由

どこの不動産を所有しているのか、どのような生命保険や損害保険に加入しているのかをいちばんよく知っているのは本人です。万が一自分が亡くなったときに、残された人が慌てないための準備が必要です。備考欄に保険に加入した理由も記録しておくと、どの場面でその保険を使ってほしいのか、誰に残したいのかがわかり、より本人の意向に沿った使い方ができます。

死亡保険金の請求は、その多くが被保険者が亡くなった日から3年以内なので、保険に加入していることがわからないまま年月が過ぎると、時効となってしまいます。

また、2021年の民法改正により、2024年4月1日から相続に係る不動産の名義変更（相続登記）が義務化されることになりました。改正法によると、相続により不動産を取得したことを知った日から3年以内に正当な理由なく所有権移転登記を行わなかった場合には、10万円以下の過料が科されることに。

また、改正法では、不動産を所有する人について住所や氏名の変更があった場合、住所などの変更日から2年以内にその変更登記の申請をすることを義務づけることになりました。改めて資産情報などをアップデートしておくことは、相続時の煩雑な手続きを少しでも楽にする思いやりともいえそうですね。

相続税の生命保険の非課税限度額は、500万円×法定相続人の人数です。生命保険の死亡保障で相続税対策をしたい場合は、生涯にわたって保障が続く終身保険を選択しましょう。また、保険金に課せられる税金は、保険料の負担者と保険金の受取人が誰かによって所得税、相続税、贈与税のいずれかになります。保険を相続税対策に使う際は、税理士などの専門家に相談を。

まとめ

☑ 生命保険は必要になったときにすぐに使えるように整理

☑ 不動産の名義変更などは早めに手続きを

☑ 生命保険を相続税対策に使う場合は、税理士などの専門家に相談

STEP 10 私の資産情報⑤ 保険

■ 生命保険

□死亡＝死亡保険　□医療＝医療保険
□混合＝生死混合保険（学資保険・個人年金保険・養老保険など）　□共済＝共済保険　　記入日　　年　　月　　日

保険会社		保険の種類	□死亡　□医療　□混合　□共済　□その他		
契約者		証券番号			
被保険者		保険金受取人			
契約日	昭・平・令・西暦　　年　　月	保険金満期日	平・令・西暦　　年　　月		□ 終身
満期金	□有　　　　　円（　　年　　月）				□ 無
保険料	□全額払込済　□月払　　　円　□年払　　　円	引落口座・カード			
代理店		担当者		連絡先	
備考					

記入日　　年　　月　　日

保険会社		保険の種類	□死亡　□医療　□混合　□共済　□その他		
契約者		証券番号			
被保険者		保険金受取人			
契約日	昭・平・令・西暦　　年　　月	保険金満期日	平・令・西暦　　年　　月		□ 終身
満期金	□有　　　　　円（　　年　　月）				□ 無
保険料	□全額払込済　□月払　　　円　□年払　　　円	引落口座・カード			
代理店		担当者		連絡先	
備考					

記入日　　年　　月　　日

保険会社		保険の種類	□死亡　□医療　□混合　□共済　□その他		
契約者		証券番号			
被保険者		保険金受取人			
契約日	昭・平・令・西暦　　年　　月	保険金満期日	平・令・西暦　　年　　月		□ 終身
満期金	□有　　　　　円（　　年　　月）				□ 無
保険料	□全額払込済　□月払　　　円　□年払　　　円	引落口座・カード			
代理店		担当者		連絡先	
備考					

 用語
- ●保険契約者＝生命保険会社と契約をした人
- ●被保険者＝死亡・ケガ・病気などとなったときに保険の対象となる人
- ●保険金受取人＝保険金・給付金などを受け取る人

加入している生命保険や損害保険などを整理し、加入状況を知ることで、保険の見直しもできます。保険証券に記載されている住所や名前などに変更がある場合は早めに契約先の保険会社へ連絡をすることも忘れずにしましょう。わかる範囲で記入しても、保険証券など内容がわかるものをコピーして貼りつけても構いません。

■ 損害保険

自動車保険　自家用車や二輪車などの保険の加入状況を記入しましょう　　記入日　　年　　月　　日

車名		登録番号		車台番号	
自賠責保険	保険会社名			代理店	
	保険期間	年　月　日～　　年　月　日		証券番号	
任意保険	保険会社名			証券番号	
	保険期間	年　月　日～　　年　月　日			
保険料	□全額払込済　□月払　　　　円　□年払　　　　　円			引落口座・カード	
代理店			担当者	連絡先	
備考					

PIONT 自賠責保険は、車検満了まで加入し、車両を廃車したら解約になります。任意の自動車保険は、乗る人が保険契約を結び、車両が変わっても継続でき、同居の家族には等級の継承ができる仕組みです。

■ その他損害保険

記入日　　年　　月　　日

保険の種類	□火災保険　□地震保険　□　　個人賠償責任保険　□傷害保険　□医療・介護保険　□ペット保険　□その他				
保険会社名		証券番号		保険期間	自　　年　　月　　日
代理店・担当者		連絡先			至　　年　　月　　日
保険料	□全額払込済　□月払　　　　円　□年払　　　　円　引落口座・カード				
備考					

記入日　　年　　月　　日

保険の種類	□火災保険　□地震保険　□　　個人賠償責任保険　□傷害保険　□医療・介護保険　□ペット保険　□その他				
保険会社名		証券番号		保険期間	自　　年　　月　　日
代理店・担当者		連絡先			至　　年　　月　　日
保険料	□全額払込済　□月払　　　　円　□年払　　　　円　引落口座・カード				
備考					

COLUMN 04　保険金請求権の時効は3年

生命保険、損害保険の情報をまとめることで、万一のときでも保険金の請求がスムーズになり、保険金のもらい忘れも防ぐことができます。保険金請求権は保険事故発生から3年で消滅するため注意が必要です。また、被保険者が死亡したあとも保険料を支払っていた場合、保険料の返還を求めることができますが、この時効も3年と定められています。

用語
● 自賠責保険＝自動車損害賠償責任保険（法律により、加入が義務づけられている）
● 任意保険＝自賠責保険の補償では補いきれない損害をカバーする保険（加入は任意）
● 登録番号＝（例）品川 500 ま○○ - ○○　● 車台番号＝アルファベットと数字の組み合わせ（車検証に記載）

STEP 11 私の資産情報⑥ 年金

国民年金や厚生年金、企業年金、iDeCo（個人型確定拠出年金）、個人年金などを整理しておきましょう。

■ 公的年金
記入日　　年　　月　　日

受給者		基礎年金番号	
年金支払口座		年金受取口座	
年金の種類	□国民年金　□厚生年金　（共済年金）	年金証書記号番号	
受給金額もしくは年金支給見込額			円
備考			

■ 私的年金
記入日　　年　　月　　日

□国民年金基金	加入員番号		加入年月日	年　　月　　日
	連絡先		年金受取口座	
□厚生年金基金	加入員番号		加入年月日	年　　月　　日
	連絡先		年金受取口座	
□企業型確定拠出年金	加入員番号		加入年月日	年　　月　　日
	連絡先		年金受取口座	
□ iDeCo	加入員番号		加入年月日	年　　月　　日
	連絡先		年金受取口座	
□個人年金保険 詳細は P18 に記入	証券番号		加入年月日	年　　月　　日
	連絡先		年金受取口座	
	加入員番号		加入年月日	年　　月　　日
	連絡先		年金受取口座	

■ 職歴
記入日　　年　　月　　日

企業名		在籍期間	～	年金の種類	国・厚・共・他（　　）
企業名		在籍期間	～	年金の種類	国・厚・共・他（　　）
企業名		在籍期間	～	年金の種類	国・厚・共・他（　　）
企業名		在籍期間	～	年金の種類	国・厚・共・他（　　）
企業名		在籍期間	～	年金の種類	国・厚・共・他（　　）
企業名		在籍期間	～	年金の種類	国・厚・共・他（　　）
企業名		在籍期間	～	年金の種類	国・厚・共・他（　　）
企業名		在籍期間	～	年金の種類	国・厚・共・他（　　）

STEP 12 年金のもらい忘れを チェックする方法

意外と多いのが年金のもらい忘れです。例えば老齢年金は受給開始年齢に達する3カ月前に年金を受け取るために必要な年金請求書が手元に届きます。年金請求書には年金加入記録が記載されています。「もれ」や「誤り」がないか記録を確認しつつ、ある場合は最寄りの年金事務所へ問い合わせをしましょう。

年金の請求をせず、年金を受けられるようになったときから5年を過ぎると、法律に基づき、5年を過ぎた分の年金については時効で受け取れなくなる場合がありますので、注意しましょう。

現状の年金記録を知りたい場合は、「ねんきん定期便」で確認することができます。「ねんきん定期便」とは国民年金保険及び厚生年金保険の被保険者全員に、毎年誕生月に送られてくるものです。50歳以上の記載内容は ① これまでの保険料の納付額 ② 年金加入期間 ③ 年金見込額 ④ 国民年金の月ごとの保険料納付状況 ⑤ 厚生年金の月ごとの標準報酬月額、賞与額、保険料納付額です。50歳未満の場合は、③が「これまでの加入実績に応じた年金額」になります。35歳、45歳及び59歳のときにはよ

り詳しい情報を記載したものが封書で送付されます。また、日本年金機構のHP「ねんきんネット」https://www.nenkin.go.jp/n_net/（下記、QRコード①）に登録すれば、自分の年金に関する情報をいつでも確認することができます。

企業年金も忘れずに申請しましょう

厚生年金基金のある企業に勤めて短期で退職した場合は、原則として、国の老齢厚生年金の支給開始年齢から企業年金連合会の年金が受け取れます。また、確定給付企業年金のある企業を短期で退職した場合も対象になることがあります。

企業年金連合会の年金記録を確認したい場合は、https://www.pfa.or.jp/nenkin/kirokukakunin.html（下記、QRコード②）で基礎年金番号または厚生年金保険記号番号などを入力するか、もしくは企業年金コールセンター（0570-02-2666＝平日9～17時）に電話で問い合わせをしましょう。問い合わせの際は、氏名（結婚などで名字が変わった方は旧姓も）、生年月日、住所、年金手帳の基礎年金番号、厚生年金基金の名称及び加入員番号の準備を忘れずに。

まとめ

☑ 「ねんきん定期便」が届いたら必ずチェック

☑ 過去に支払った年金が反映されているかチェック

☑ 年金請求書が届いたら早めに手続きを

QRコード①
「ねんきんネット」

QRコード②
企業年金連合会の
年金記録の確認

借入金・貸付金の情報

現在の**借入金**と**貸付金**を整理していきましょう。借入金が複数ある場合は、金利が高いものから繰り上げ返済をすることで家計の返済負担が軽減されます。住宅ローンなど団体信用生命保険に加入していれば、死亡と同時に残債がなくなります。

■ 借りているお金・ローンの状況　　　　　　　　　　　　　　　　　記入日　　　年　　月　　日

種類	☑住宅ローン　□教育（奨学金）□自動車　□フリーローン　□ショッピング　□リボ　□その他				
借入先	大江戸銀行		借入日	2002 年 11 月 1日	返済期限　　　年　　月　　日
借入総額	3500万円		借入利息	年 2.5 %	担保　(有)　(抵当権・質権)　無
返済方法	月12万5,123円	ボーナス　0円	借入残高	1833万3,044 円	2023 年 4 月 1 日現在
連絡先			備考		

記入日　　　年　　月　　日

種類	□住宅ローン　□教育（奨学金）□自動車　□フリーローン　□ショッピング　□リボ　□その他				
借入先			借入日	年　月　日	返済期限　　　年　　月　　日
借入総額			借入利息	年　%	担保　有　（抵当権・質権）　無
返済方法	月　円	ボーナス　円	借入残高	円	年　月　日現在
連絡先			備考		

記入日　　　年　　月　　日

種類	□住宅ローン　□教育（奨学金）□自動車　□フリーローン　□ショッピング　□リボ　□その他				
借入先			借入日	年　月　日	返済期限　　　年　　月　　日
借入総額			借入利息	年　%	担保　有　（抵当権・質権）　無
返済方法	月　円	ボーナス　円	借入残高	円	年　月　日現在
連絡先			備考		

記入日　　　年　　月　　日

種類	□住宅ローン　□教育（奨学金）□自動車　□フリーローン　□ショッピング　□リボ　□その他				
借入先			借入日	年　月　日	返済期限　　　年　　月　　日
借入総額			借入利息	年　%	担保　有　（抵当権・質権）　無
返済方法	月　円	ボーナス　円	借入残高	円	年　月　日現在
連絡先			備考		

記入日　　　年　　月　　日

種類	□住宅ローン　□教育（奨学金）□自動車　□フリーローン　□ショッピング　□リボ　□その他				
借入先			借入日	年　月　日	返済期限　　　年　　月　　日
借入総額			借入利息	年　%	担保　有　（抵当権・質権）　無
返済方法	月　円	ボーナス　円	借入残高	円	年　月　日現在
連絡先			備考		

住宅ローンなどを金融機関で借り入れした際の返済予定表（償還表）があると、記入が簡単になります。返済予定表には毎月の返済額やその元金と利息の内訳、借入金残高などが記載されています。これを見ながら記入しましょう。返済予定表は住宅ローンを契約した金融機関から郵送されたり、ウェブで確認することができます。フリーローンやリボ払いなども、アプリやウェブで借入状況が確認できます。

■ 貸しているお金

PIONT 貸付金は相続人が相続財産として引き継ぐことになり、遺産分割協議の対象にもなります。貸付金債権を引き継いだ人は、借主に請求をして回収することが可能です。また親子間の貸し借りは贈与とみなされる可能性があります。

記入日　　年　　月　　日

貸した相手		金額	円	貸した日	年　　月　　日
証書	□有（保管場所　　　　　　　　）□無			返済期限	年　　月　　日
連絡先	住所			電話番号	
返済方法	一括・分割（　　回払い）・毎月払い（　　円）・その他（　　）／利息　　％				
備考					

記入日　　年　　月　　日

貸した相手		金額	円	貸した日	年　　月　　日
証書	□有（保管場所　　　　　　　　）□無			返済期限	年　　月　　日
連絡先	住所			電話番号	
返済方法	一括・分割（　　回払い）・毎月払い（　　円）・その他（　　）／利息　　％				
備考					

記入日　　年　　月　　日

貸した相手		金額	円	貸した日	年　　月　　日
証書	□有（保管場所　　　　　　　　）□無			返済期限	年　　月　　日
連絡先	住所			電話番号	
返済方法	一括・分割（　　回払い）・毎月払い（　　円）・その他（　　）／利息　　％				
備考					

■ 保証債務（借金の保証人など）

記入日　　年　　月　　日

保証した日	年　　月　　日	保証した金額	
主債務者（保証した人）		連絡先	
債権者（お金を貸した人や金融機関）		連絡先	
契約書などの保管場所		備考	

PIONT 連帯保証人になると、借りた人と同様の債務を債権者に対して負うことになります。保証人や連帯保証人になる際は必ず身内に相談、報告をしましょう。

私の資産情報⑧
クレジットカード、電子マネー、ポイント

クレジットカードや**電子マネー**などのキャッシュレス決済や、ポイントの整理をしていきましょう。クレジットカードは2〜3枚程度に集約するとポイントがばらつかず、管理がしやすくなります。メインのカード、サブのカードの確認をして、使っていないカードや年会費が高額なカードは早めに解約手続きをしましょう。

チェック項目の文字　メ＝メインのカード　サ＝サブのカード　解＝解約するカード　　記入日　2023年　3月　3日

カード名	楽々クレジットカード (VISA)	カード番号	1 2 3 4 － 5 6 7 8 － 1 2 3 4 － 2 2 3 4	チェック欄
紛失時連絡先	0120-000-000	主な用途	公共料金支払い、買い物用	メ・サ・解

記入日　年　月　日

カード名		カード番号	－ － －	チェック欄
紛失時連絡先		主な用途		メ・サ・解

記入日　年　月　日

カード名		カード番号	－ － －	チェック欄
紛失時連絡先		主な用途		メ・サ・解

記入日　年　月　日

カード名		カード番号	－ － －	チェック欄
紛失時連絡先		主な用途		メ・サ・解

記入日　年　月　日

カード名		カード番号	－ － －	チェック欄
紛失時連絡先		主な用途		メ・サ・解

記入日　年　月　日

カード名		カード番号	－ － －	チェック欄
紛失時連絡先		主な用途		メ・サ・解

記入日　年　月　日

カード名		カード番号	－ － －	チェック欄
紛失時連絡先		主な用途		メ・サ・解

記入日　年　月　日

カード名		カード番号	－ － －	チェック欄
紛失時連絡先		主な用途		メ・サ・解

クレジットカードや電子マネー、コード決済（○○Payなどスマホで会計をするもの）などのキャッシュレス決済が増えるほど家計管理が複雑化してしまうため、できるだけその数を減らしていきましょう。ポイントはメインでためるものを決めて、キャッシュレス決済と連動させるとよいでしょう。また、今後はむやみに新しいポイントカードをつくらないようにすることも大切です。

■ 電子マネー・コード決済

記入日　2023年　3月　3日

名称	nanaco	番号	1234-5678-1234-2234	（カード）
紛失時連絡先	0570-000-001	用途など	買い物用・現金チャージ	アプリ

記入日　2023年　3月　3日

名称	○○ Pay	番号	9000-0000-1111-7777	カード
紛失時連絡先	0570-000-007	用途など	買物用・○○カードからチャージ	（アプリ）

記入日　　年　　月　　日

名称		番号		カード
紛失時連絡先		用途など		アプリ

記入日　　年　　月　　日

名称		番号		カード
紛失時連絡先		用途など		アプリ

記入日　　年　　月　　日

名称		番号		カード
紛失時連絡先		用途など		アプリ

■ ポイントカード　最低限、ポイント名と番号を記入しましょう

記入日　　年　　月　　日

ポイント名		番号		紛失時連絡先	
ポイント名		番号		紛失時連絡先	
ポイント名		番号		紛失時連絡先	
ポイント名		番号		紛失時連絡先	
ポイント名		番号		紛失時連絡先	
ポイント名		番号		紛失時連絡先	
ポイント名		番号		紛失時連絡先	
ポイント名		番号		紛失時連絡先	

PIONT　電子マネーやキャッシュレス決済、ポイントの入ったスマホを紛失した場合、チャージした残高やポイントが戻らないことがあります。規約によって定められているので、事前に確認をしておきましょう。残高やポイントが戻る場合でも、カード番号などが必要になるので、必ずメモを残しておきましょう。また、スマホを紛失したら悪用されないように、お金が関係する金融機関や決済アプリなどについては、利用停止の手続きを行いましょう。

「成年後見制度」って何？

判断能力が低下している高齢者を狙った詐欺や悪徳商法は後を絶ちません。年齢を重ねるごとに記憶力や判断能力が衰えるのは仕方のないことです。自分自身で資産の管理や売買契約、諸手続きをすることに不安や困難を覚えたら、成年後見制度を検討してみてはいかがでしょうか。

成年後見制度とは、知的障害、精神障害、認知症などの場合に契約や手続き、買い物などの支払いの手伝い、買うか買わないかの判断などを後見人が一緒に考えてくれる

ものです。成年後見人には、家族や親せきのほか、福祉や法律の専門家、専門的な研修を受けた地域の人、後見をしてくれる団体（法人）などがなります。

障害や認知症の程度によって、成年後見人などにやってもらえることは変わり、「補助」「保佐」「後見」の３種類があり、手伝いの範囲も変わります。「法定後見人」は医師の診断書をもとに家庭裁判所が決めますが、あらかじめ自分で契約をしておく「任意後見人」もあります。

	補　助	保　佐	後　見
対象となる人	重要な手続きや契約の中で、１人で決めることに心配がある	重要な手続きや契約などを、１人で決めることが心配	多くの手続きや契約などを、１人で決めることが難しい
受けられるお手伝いの範囲	一部の限られた手続きや契約などを ・一緒に決めてもらう ・取り消してもらう ・代わってしてもらう	財産にかかわる重要な手続きや契約などを ・一緒に決めてもらう ・取り消してもらう ・代わってしてもらう	すべての契約などを ・代わってしてもらう ・取り消してもらう

※補助、保佐の場合、手伝ってもらう内容を変えることができます。
※難しい手続きや契約などを代わりにやってもらう手伝い（代理権）や一緒に決めてもらう手伝い（同意権）をつけ加えるときは、別にお金がかかります。

参考資料　厚生労働省 HP「成年後見はやわかり」
成年後見制度についての問い合わせは、市区町村の相談窓口や法テラス、権利擁護相談窓口へ。成年後見制度を利用するための申し立ての手続きや必要書類、費用などについては、全国の家庭裁判所へ問い合わせをしましょう。

まとめ

☑ 認知症などの理由で１人で決めることが心配なときに検討

☑ 障害や認知症の程度や、心配の度合いで「補助」「保佐」「後見」に分けられる

☑ 手続きや契約を一緒にしてもらったり、取り消したりしてもらえる

STEP 16 ほかにもある老後のサポート契約

成年後見制度以外にも老後の生活をサポートしてくれる契約があります。これらを知って、自分はどのようなサポートを受けたいのか整理しておきましょう。

見守り契約		契約を結んでから任意後見契約の効力が発生するまでの間、任意後見人になる予定の人が、本人と定期的にコミュニケーションをとり、任意後見契約の効力を発生させるタイミングをチェックしてくれる契約です。
専門家に依頼した場合の料金目安	初期費用	契約書作成料　2万〜5万円程度　公正証書を作成すると1万5,000円程度　別途手数料がかかる
	内容	月1〜2回程度の電話連絡や定期訪問
	費用	見守り内容によっても異なるが、月5,000〜1万円程度（別途交通費）
財産管理委任契約		財産管理と療養看護に関する委任契約です。親族や友人など信頼できる人に本人に代わって財産の管理や病院、福祉サービスなどの手続きをしてもらいます。この契約は、成年後見制度とは異なり、判断能力の低下は前提としていません。また、成年後見制度にある「取消権」がないことと、通帳や印鑑などを預けた場合、委任者が使い込みをしてしまう可能性があることがデメリットです。
専門家に依頼した場合の料金目安	初期費用	契約書作成料　5万円程度　公正証書を作成すると1万5,000円程度　別途手数料がかかる
	内容	通帳の管理、権利書などの重要書類の管理、病院や施設などの入院・入所契約など
	費用	財産管理業務　月2万〜5万円程度　特別な財産管理1件3万円〜　ほか交通費など実費
死後事務委任契約		本人が個人もしくは法人といった第三者に対して、亡くなった後の葬儀などの諸手続きに関する事務などについて代理権を与え、死後の事務を委任するものです。
専門家に依頼した場合の料金目安	初期費用	財産によって異なるが、公正証書遺言作成費用、死後事務委任契約書作成費用などで20万円程度
	内容	葬儀、埋葬の代行、役所などへの届け出、各種解約手続き、遺品整理、家屋の明け渡しなど
	費用	内容によって異なるが、葬儀から解約手続き、遺品整理など。一連の手続きの目安は150万円程度

いずれの契約も、身内にお願いする場合と弁護士や司法書士といった専門家にお願いする場合とでは、かかる費用が異なります。独身者や近くに頼れる身内がいない場合は、専門家にお願いしましょう。専門家にお願いする場合は契約書作成手数料や日々のサポート料や交通費などがかかりますので、料金もチェックしておきましょう。

病気・介護でかかるお金

誰もが生涯健やかにすごしたいものです。亡くなる直前まで元気な「ピンピンコロリ（PPK）」が理想ですが、いざそのときになってみないとわからないこともたくさんあります。医療費や介護費は自分にとっても家族にとっても負担になりやすいものです。医療や介護にはどのような制度があって、どのように使えるのか、また自分の医療や介護の意向、金銭的な考えを記録しておきましょう。

2章でやることリスト

- □ 健康保険の制度を知る
- □ かかりつけ医や常用薬の把握
- □ どんな医療を受けたいのかを考えて記録する
- □ 介護保険の制度を知る
- □ どんな介護を受けたいのかを考えて記録する
- □ どんな終末期医療を受けたいのかを考えて記録する

2章で取り組むことの解説

年齢を重ねても健康でいたいと思うのは当然のことですが、そのためには定期的に健康診断や歯科健診を受けて、ときには治療を受けるなど症状が比較的軽いうちに対処することが望ましい過ごし方といえます。しかし注意をしていても、ケガや病気などで医療や介護が必要になることもあります。このようなことが起こったときに人はパニックになりがちですが、その際に自分だけではなく、周囲の人が慌てることなくスムーズに対処できるように、かかりつけ医や持病の状態や服用を継続している常用薬といった健康情報はもちろんのこと、いざ入院や介護が必要になったときにどのようにケアしてほしいのか、告知はどこまでしてほしいのか、必要なお金はどこから出してほしいのかなど、誰が見てもすぐにわかるように記録して準備をしておきましょう。

また、医療や介護などを受ける際には公的な制度を併せて知っておき、必要なときにはそれらの支援を受けられるようにすることも大切です。

日が経つごとに自分の気持ちが変わることもあるので、書き込む際は消して何度も書き直せるように鉛筆などで記入するとよいでしょう。

STEP 17 健康保険について知っておきたいこと

　健康保険証を持って病院へ行くと、かかった医療費のうち自己負担分を支払います。6 〜 70歳未満の負担割合は 3 割ですが、70歳以上75歳未満は所得により 2 割もしくは 3 割負担、75歳以上は所得により 1 割もしくは 3 割負担と、負担割合が変わります。健康保険に加入していることで医療費負担が軽くなり、安心して医療機関を受診することができます。

　公的医療保険の種類は大きく分けて 3 つあり、会社員や公務員などが加入する被用者保険と自営業者や未就業者などが加入する国民健康保険（国保）、職業にかかわらず75歳以上が加入する後期高齢者医療制度です。

　主な給付内容は、かかる医療費の一部を負担することで治療が受けられる「医療給付」ですが、ほかにも給付されるものがあ

ります。医療費を全部立て替えたときに、かかった費用の一部が払い戻される「療養費」、医療費の自己負担額が高額になったときに、限度額を超えた分が払い戻される「高額療養費」、病気やケガで移動が困難な患者が、医師の指示で一時的・緊急的に移送された場合に支給される「移送費」、ケガや病気の治療のために仕事を休んだときに、もらえるはずだった給与の一部が給付される「傷病手当金」[1]、出産のために仕事を休んだときに、もらえるはずだった給与の一部が支給される「出産手当金」[2]、子どもが生まれたときに支給される「出産育児一時金」、本人や家族が亡くなったときに支給される「埋葬料」「葬祭費」などです。

※1　国保はもらえません。また、手当を受けられるのは本人のみで家族は対象外です。
※2　国保ではもらえません。

まとめ

☑ 健康保険に加入していると、自己負担分だけで治療できる

☑ 加入している保険や所得によって、自己負担割合や給付内容が異なることも

☑ 医療給付だけではなく、「出産育児一時金」や「埋葬料」なども支給される

COLUMN 05 民間の医療保険とは？

　民間の保険会社が販売する医療保険は、公的な健康保険でカバーしきれない食事代や差額ベッド代などの費用負担の備えとして利用されます。加入は任意です。加入の際は健康状態を告知する必要があります。保険内容や保険料は保険商品によってさまざまなため、自分の不安な部分が補える保障があるものを選びましょう。

STEP 18 高額療養費制度について

医療機関や薬局の窓口で支払う医療費が1カ月（1日から末日まで）で上限額を超えた場合、その超えた額が後で払い戻されるのが「高額療養費制度」です。「限度額適用認定証」を事前に申請し、保険証と併せて窓口に提出すると、1カ月の窓口での支払いが、自己負担限度額までとなります。

1人1回分の窓口負担では上限額を超えない場合でも、複数の受診や同じ世帯にいるほかの家族（同じ医療保険に加入）の受診について、窓口でそれぞれ支払った自己負担額を1カ月単位で合算することができる「世帯合算」があります。また、過去12カ月以内に3回以上、上限額に達した場合は、4回目から「多数回該当」となり、上限額が下がります。このように医療費の家計負担が重くならないような制度があるので、該当する場合は忘れずに申請をしましょう。

高額医療・高額介護合算療養費制度

毎年8月から翌年7月までの1年間の医療保険と介護保険の自己負担額を合算した額が高額になる場合は、「高額医療・高額介護合算療養費制度」が適用されます。限度額は所得区分に応じて決まります。自己負担限度額を超えた金額は医療保険、介護保険の比率に応じて両方から払い戻されます。

〈例〉70歳未満・年収約370万円〜約770万円の場合（3割負担）
100万円の医療費で、窓口の負担（3割）が30万円かかる場合

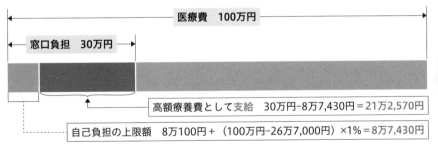

21万2,570円を高額医療費として支給し、実際の自己負担額は**8万7,430円**となります。

高額療養費として支給　30万円−8万7,430円＝21万2,570円

自己負担の上限額　8万100円＋（100万円−26万7,000円）×1%＝8万7,430円

参考資料　厚生労働省HP「高額療養費制度を利用される皆さまへ」

まとめ

☑ 医療費の自己負担額が高額になったら、高額療養費で払い戻しを受ける

☑ 医療費が高額になることがわかっている場合は「限度額適用認定証」を申請

☑ 「高額医療・高額介護合算療養費制度」は、両方の保険を利用する世帯が使える

STEP 19　私の健康情報①
かかりつけ医

■ からだの情報

記入日　　年　　月　　日

身長	cm	体重	kg	血液型	A・B・O・AB 型　RH（＋・－）	まれな血液型

■ かかりつけ医　内科・耳鼻科・眼科・整形外科・歯科などの情報を診察券を見ながら書きましょう

記入日　　年　　月　　日

病院名	山田クリニック	担当医師	山田先生	電話番号：03-2345-6789
診療科	（内）・耳鼻・眼・整・歯・他（　　　）	通院頻度	週　　回 ・ （月）1 回 ・ 年　　回	
通院目的など	アレルギーの薬をもらいに行っている			

病院名		担当医師		電話番号：
診療科	内・耳鼻・眼・整・歯・他（　　　）	通院頻度	週　　回 ・ 月　　回 ・ 年　　回	
通院目的など				

病院名		担当医師		電話番号：
診療科	内・耳鼻・眼・整・歯・他（　　　）	通院頻度	週　　回 ・ 月　　回 ・ 年　　回	
通院目的など				

病院名		担当医師		電話番号：
診療科	内・耳鼻・眼・整・歯・他（　　　）	通院頻度	週　　回 ・ 月　　回 ・ 年　　回	
通院目的など				

病院名		担当医師		電話番号：
診療科	内・耳鼻・眼・整・歯・他（　　　）	通院頻度	週　　回 ・ 月　　回 ・ 年　　回	
通院目的など				

病院名		担当医師		電話番号：
診療科	内・耳鼻・眼・整・歯・他（　　　）	通院頻度	週　　回 ・ 月　　回 ・ 年　　回	
通院目的など				

COLUMN 06　かかりつけ医の探し方

身近で頼りになる医師がいれば、健康に関することを相談できるなど、日頃から安心です。とはいえ、かかりつけ医がなかなか見つからないこともあります。例えば健康診断をきっかけとして見つけたり、知人からの紹介で受診をしてみて話がしやすかったり、説明がわかりやすく親しみやすいことなどが決め手となります。医師を含め病院の雰囲気がよかったところがあれば、かかりつけ医になってもらいましょう。
そういったきっかけがない人は、厚生労働省の「医療情報ネット」から探す方法もあります。

厚生労働省 HP「医療機能情報提供制度（医療情報ネット）」について
https://www.mhlw.go.jp/stf/seisakunitsuite/bunya/kenkou_iryou/iryou/teikyouseido/index.html

STEP 20 私の健康情報② 持病と常用薬

■ 現在の状態 　　　　　記入日　　年　　月　　日

アレルギー	有・無	具体的なアレルゲン			
副作用	有・無	具体的な副作用歴			
インスリン注射	有・無	1日　　　　回	ペースメーカー　□している　□していない	備考	
人工透析	□している　□していない	週　　　回	病院名		

■ 既往歴　過去から現在までの病気やケガの情報　　　　　記入日　　年　　月　　日

病名		病院名				現在の状況
担当医		治療・発症時期	年　　月　（　　歳）			通院中
治療内容						完治
経過						経過観察中

記入日　　年　　月　　日

病名		病院名				現在の状況
担当医		治療・発症時期	年　　月　（　　歳）			通院中
治療内容						完治
経過						経過観察中

■ 常用薬　症状と常用薬の情報　　　　　記入日　　年　　月　　日

病名・症状	薬名	形状	処方されている医療機関名
高血圧	ミカルディス錠	錠剤・散剤・カプセル・吸入・貼・軟膏・点眼・他（　　　　）	めぐりんクリニック
		錠剤・散剤・カプセル・吸入・貼・軟膏・点眼・他（　　　　）	
		錠剤・散剤・カプセル・吸入・貼・軟膏・点眼・他（　　　　）	
		錠剤・散剤・カプセル・吸入・貼・軟膏・点眼・他（　　　　）	

COLUMN 07 薬の上手な管理の仕方

薬は紛失や飲み忘れを防ぐことが大切です。薬がたくさんある場合は、ジップ式の袋に薬と説明書を入れて、薬名と飲む間隔を記入しておくことで、バラバラにならず何の薬なのかがすぐにわかります。薬の飲み忘れを防ぐには、飲むタイミングごとに薬をまとめておいたり、ポケット付きカレンダーにその日飲む分の薬を入れておいたり、「マイセラピー・お薬リマインダー・飲み忘れ防止アプリ」のようなスマホのお薬管理アプリを利用する方法があります。飲み忘れたときは、一度に2回分飲まずに、心配ならかかりつけ薬局に相談しましょう。

STEP 21 どんな医療を受けたいのか についての希望

医療について**自分自身の希望**などをチェック＆記入しておきましょう。

■ 治療方針など判断が必要な場合に対応してほしい人

記入日 　　　年 　　月 　　日

名前	連絡先	関係

住所	

名前	連絡先	関係

住所	

■ 入院時の身元保証人になってほしい人や協会
（病院によっては2人必要になることも）

記入日 　　　年 　　月 　　日

名前	連絡先	関係

住所	

名前	連絡先	関係

住所	

■ 入院時や必要な場合に付き添いや世話をお願いしたい人

記入日 　　　年 　　月 　　日

名前	連絡先	関係
藤山　京子	080-0000-0000	妹

■ 治療に必要な費用について

記入日 　　　年 　　月 　　日

□治療費は（預貯金・保険）から支払ってほしい

金融機関名		口座番号	
保険会社名		証券番号	
連絡先		担当者（　　　）	備考

□治療費は家族で支払ってほしい

□家族・親族に判断を委ねる

□その他費用の希望（　　　　　　　　　　　　　　　　　　　　　　　　　　　　　）

書き方の
ポイント

治療や入院時に誰にどのように世話をしてほしいか、どのような治療を受けたいのかなど素直な気持ちを書きましょう。また、記入したらその人に伝えておき、治療方針なども共有しておくと、いざというとき慌てずにすみます。気持ちはそのときによって変わるので、適宜書き直しましょう。

医療の希望

■ 治療、入院時の希望 自分の気持ちに近いものを☑（複数回答可）

記入日　　　　年　　　月　　　日

□家族や友人にお見舞いに来てほしい	□痛みや苦しみはできるだけ和らげてほしい
□できるだけ静かに過ごしたい	□一日でも長く生きられるような治療をしたい
□できるだけ自宅で治療したい	□病気を治すためにはどんな治療も受けたい
□家族の負担はできるだけ減らしてほしい	備考
□家族に経済的な負担はかけたくない	

■ 入院時に持って来てほしいものリスト

記入日　　　　年　　　月　　　日

□洗面用具・歯ブラシ・コップ	□筆記用具
□入浴セット（タオル・浴用タオル）	□スマホ・充電器
□タオルケット・バスタオル	□延長コード
□下着類	□めがね・コンタクトレンズ・老眼鏡
□飲料用カップ・ペットボトル用ストロー	□ゴミ袋　大きめ・小さめ
□ティッシュペーパー	□S字フック
□手持ちのハンドルがついたプラスチック製のかご	□A4のクリアファイル
□ポーチ	□手鏡
□マスク	□爪切り
□耳かき	□耳栓・イヤホン・ヘッドホン
□デンタルフロス	□リップクリーム・ハンドクリーム
□目薬	□のど飴など
その他	

※病院によっては持込み不可の物品があるので、事前に確認を取りましょう

MEMO

....

....

....

....

....

....

STEP 22 介護保険は どう使えばいいの？

自宅で生活することが難しくなったときや、退院後の暮らしに不安を覚えたら、介護保険サービスの申請をします。介護保険サービスのおおまかな流れを紹介します。

①市区町村の担当窓口へ相談

65歳以上の第1号被保険者…要介護・要支援状態になった場合

40歳〜64歳の第2号被保険者…16種類の「特定疾病」により、要介護・要支援状態になった場合

②本人または家族が介護保険の申請をする

家族に頼れない場合は、「地域包括支援センター」などの職員が代行申請してくれます。

③主治医の意見書

主治医に申請者の病歴や健康状態について、意見書を作成してもらいます（市区町村から直接依頼）。

④認定調査

市区町村の職員などの認定調査員が自宅を訪問し、心身の状態について本人や家族から聞き取り調査を行います。

⑤要介護度の審査・判定

④の後、コンピューターによる1次判定

が行われ、その結果と主治医の意見書をもとに、「介護認定審査会」で要介護度の判定を行います（2次判定）。

⑥申請から30日以内に認定結果通知が届く

認定結果は「要介護1〜5」「要支援1、2」「非該当（自立）」のいずれかが明記された認定結果通知書と、介護保険の被保険者証が利用者に届きます。

審査結果に不服がある場合は、都道府県設置の「介護保険審査会」に結果通知を受け取った日の翌日から3カ月（期間は自治体によって異なることも）以内に申し立てることができます。

⑦「要支援1、2」の認定を受けた場合

「介護予防サービス」が利用可能です。

⑧「要介護1以上」の認定を受けた場合

「自宅で利用するサービス」や「施設に入所して利用するサービス」「日帰りで施設を利用するサービス」などを受けることができます。

⑨サービスの利用開始

ケアマネジャーに相談しながら作成したケアプランの内容に沿って、介護保険サービスの利用が始まります。

まとめ

☑ 65歳以上の高齢者または40〜64歳の特定疾病患者で、要介護者が利用できる

☑ 居住の自治体の介護保険課、高齢者支援課などの担当窓口へ相談

☑ 要介護の認定を受けると、自宅や施設入所などでのサービスが受けられる

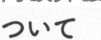 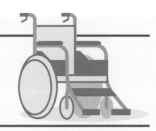

STEP 23 高額介護サービス費制度について

介護保険の自己負担割合は、2022年12月現在、所得に応じて1～3割です。負担割合の判定方法は65歳以上の人が世帯に何人いるか、年金収入とその他の所得がいくらあるかによって異なります。負担割合の区分は複雑でわかりにくいため、市区町村では対象者に「介護保険負担割合証」を発行しています。

「高額介護サービス費」制度で自己負担を軽減する

要介護度が上がると、自己負担額も増える傾向にあります。高額介護サービス費とは、1カ月に支払った利用者負担の合計が負担限度額を超えたときに、超えた分が払い戻される制度です。一般的な所得の場合、負担限度額は月額4万4,400円です。

高額介護サービス費の対象とならないもの

・特定の福祉用具購入費や住宅改修費
・施設サービスの食費、居住費や日常生活費など

※ 申請期間はサービスを利用した月の翌月1日から2年間です。

高額介護サービス費における負担限度額（2021年8月以降）

区分	負担の上限額
課税所得690万円（年収約1,160万円）以上	14万0,100円（世帯）
課税所得380万円（年収約770万円）～課税所得690万円（年収約1,160万円）未満	9万3,000円（世帯）
市町村民税課税～課税所得380万円（年収約770万円）未満	4万4,400円（世帯）
世帯の全員が市町村民税非課税	2万4,600円（世帯）
前年の公的年金等収入金額＋その他の合計所得金額の合計が80万円以下の方等	2万4,600円（世帯） 1万5,000円（個人）
生活保護を受給している方等	1万5,000円（世帯）

参考資料 厚生労働省HP「令和3年8月利用分から高額介護サービス費の負担限度額が見直されます」

まとめ

☑ 介護サービスを利用した場合、自己負担割合に応じた利用料を負担する

☑ 一般的な所得の人の負担限度額は月額4万4,400円

☑ 申請期間はサービスを利用した月の翌月1日から2年間

介護でもらえるお金、使える制度

介護を担っている人向けの助成金や補助金制度があります。自治体によっては独自の制度が設けられていることもありますので、市区町村のHPや窓口などで調べてみましょう。

家族介護慰労金

介護保険サービスを利用することなく、自宅で家族の介護を行う人を支援するための制度で、年額10万円ほど。制度自体を実施していない自治体もあるので、事前に確認をとるようにしましょう。

介護休業給付金

介護休業給付金は家族の介護のために休職する場合に、収入減による介護者の負担を軽減するための制度です。受給額は、休業開始時の1日あたりの賃金×支給日数×67%で、雇用保険の被保険者であること、復帰を前提として介護休業をしていること、2週間以上の常時介護のための休業であることが要件となっています。

居住介護住宅改修費

要介護の認定を受けている人がいる場合、手すりやスロープの設置など、要介護者が安心して暮らすために行うリフォームにかかった費用を負担してくれる制度。改修工事を行う前に自治体に「住宅改修費支給申請書」を提出する必要があります。

高額医療・高額介護合算療養費制度

…P31で解説

高額介護サービス費制度

…P37で解説

介護保険施設での医療費控除

介護保険施設の中には、居住費、介護費、食費といった施設サービスでかかる自己負担額やその2分の1の額を医療費控除することができる施設があります。それは、「指定介護老人福祉施設（特別養護老人ホーム）」「介護老人保健施設」「指定介護療養型医療施設」「介護医療院」などで、支払った費用の領収書は残しておいて、確定申告をしましょう。

まとめ

☑ 在宅介護をする際は、補助金などの要件を自治体へ確認する

☑ 介護休業給付金は、休職中の収入減を補う制度

☑ 居宅介護住宅改修費は、1回限り上限20万円まで

「包括支援センター」を知っていますか？

　地域包括支援センターは、市町村が設置主体となり、保健師・社会福祉士・主任介護支援専門員などが、地域住民の健康の保持及び生活の安定のために必要な援助を行う窓口です。2021年4月末時点で、全国で5,351カ所あります。

　対象地域に住んでいる65歳以上の高齢者、またはその支援のための活動に関わっている人が利用できます。

　地域包括支援センターには主に4つの業務があります。

・総合相談
　必要なサービスや制度を紹介

・包括的・継続的なケアマネジメント
　地域ケア会議の開催やケアマネジャー支援など

・介護予防ケアマネジメント
　要介護にならないように介護予防支援を行う

・権利擁護
　成年後見制度活用のサポートや虐待防止への取り組み
　包括支援センターは、地域によって呼び名が異なる場合もあるため、詳細は地域のHPなどで確認しましょう。

・地域包括支援センターを利用するメリット
　さまざまなサービスが受けられる地域包括支援センターは、全国どの地域でも無料で利用することができます。ケアマネジャーや保健師、社会福祉士などの専門家に費用の心配をすることなく相談ができます。
　また、高齢者の介護は時として虐待やそれに近い問題やトラブルが発生することがあります。地域包括支援センターではこのような高齢者への虐待や権利侵害に関する相談も受け付けています。

参考資料　厚生労働省HP「地域包括支援センターについて」

まとめ

☑ 地域包括支援センターは、高齢者の暮らしを地域でサポートする窓口

☑ 各種専門家が、介護だけではなく普段の生活に関する相談も受けてくれる

☑ 高齢者虐待の早期発見の防止や成年後見制度の手続き支援なども行う

STEP 26 介護についての希望

介護が必要となったときに、**サポートしてくれる人**や**どのような介護を受けたいか**など希望を記入しましょう。

■介護について判断が必要な場合にお願いしたい人やサービス

記入日　　年　　月　　日

名前		連絡先		関係	
住所					
名前		連絡先		関係	
住所					

■介護でお願いしたいこと

□自宅で家族に介護をお願いしたい

□自宅で専門のヘルパーさんに手伝ってもらいながら家族で過ごしたい

□病院や介護施設に入りたい　希望の施設名（　　　　　　　　　　　　　　　　）

□家族や親族に判断を任せたい

□その他（　　　　　　　　　　　　　　　　　　　　　　　　　　　　　　）

■介護をしてくれる人に伝えたいこと

□希望は上の通りですが、無理のない範囲で、負担がかかり過ぎるときは相談してほしい

□介護中に心や体がつらくなったら、気にせずプロに助けを求めてほしい

□家族の健康と幸せを優先してください

□その他（　　　　　　　　　　　　　　　　　　　　　　　　　　　　　　）

■介護に必要な費用について

□介護費用は（預貯金・保険）から支払ってほしい

金融機関名		口座番号	
保険会社名		証券番号	
連絡先	担当者（　　　）	備考	

□介護費用は家族で支払ってほしい

□家族・親族に判断を委ねる

□その他の希望（　　　　　　　　　　　　　　　　　　　　　　　　　　　）

COLUMN 08 介護をしてくれる人や場所

介護される立場になったときには、自分の意思表示がうまくできないこともあります。意思表示ができるうちに、どこで、誰に、どのように介護をしてほしいのかの希望を書いておきましょう。また、日ごろから家族や友人、民生委員などと連絡が取れる状態にしておくと安心です。

終末期医療についての希望

自分がどのように**終末期**を過ごしたいのか、その**希望を家族などに伝える**ための情報です。

■ 告知についての希望を書いてみましょう

記入日　　年　　月　　日

□病名や余命は教えないでほしい	□病名だけ教えてほしい	□病名も余命も全て告知してほしい

□余命が（　　　）カ月以内と診断された場合、病名・余命とも告知希望

病名や余命を伝えたい人	□家族全員　□親族　□友人・知人　□特定の家族　□その他（　　　　　　　　　　）
名前	名前　　　　　　名前　　　　　　名前
備考	
病名や余命を伝えてほしくない人	□家族全員　□親族　□友人・知人　□特定の家族　□その他（　　　　　　　　　　）
名前	名前　　　　　　名前　　　　　　名前

余命数カ月と診断された場合の希望（　　　　　　　　　　　　　　　　　　　　　　　）

■ 延命治療と終末期医療について

記入日　　年　　月　　日

心臓マッサージなどの心肺蘇生	□してほしい	□してほしくない
延命のための人工呼吸器	□してほしい	□してほしくない
抗生物質の使用	□してほしい	□してほしくない
胃ろうによる栄養補給	□してほしい	□してほしくない
鼻チューブによる栄養補給	□してほしい	□してほしくない

□延命治療の判断は家族に任せる

□尊厳死の宣言書※（リビングウィル）を作成してある（保管場所　　　　　　　　　　）

□ホスピスに入れてほしい　希望施設名（　　　　　　　　　　　　　　　　　　　　　）

□その他の希望（　　　　　　　　　　　　　　　　　　　　　　　　　　　　　　　　）

■ 臓器提供と献体について

記入日　　年　　月　　日

□臓器提供意思カードを持っている	カードの保管場所	
□角膜提供のためにアイバンクに登録している	登録証の保管場所	
□臓器提供は家族の判断に委ねる		
□献体登録をしている	登録団体名	連絡先
□臓器提供、献体どれも希望しない		
□その他の希望（		）

※尊厳死宣言書とは、治る見込みがなく死期が迫っている場合に、死期を延ばすためだけの延命治療を拒否し、人間としての尊厳を保ったまま死を迎えることを望む旨などが記載された文書のこと。

COLUMN 09　自分のため、残される人のために

自分らしい最期を迎えるために、自分自身がどのような終末期医療を受けたいのか考えてみましょう。「やめることが難しくなる延命治療はしない」「命が続く限りがんばりたい」などの意思表示をすることで、家族なども本人の意思を尊重することができるでしょう。

大切な人に残すことをまとめる

自分が生きた証しは、1章でまとめた預貯金や不動産などの財産だけではなく、思い出の品などあちこちにあります。財産や思い入れのあるものなど、相続のルールを理解しつつ誰に何を残したいのか、まとめていきましょう。

3章でやることリスト

☐ 相続について知る

☐ 遺言書の作成

☐ 葬式の希望を考える

☐ お墓の希望を考える

☐ 生前整理をする

☐ パソコンやスマートフォンなどの「デジタル遺産」の対応

☐ ペットのゆくすえを考える

3章で取り組むことの解説

この章では自分が旅立った後、残された大切な人たちが困らないように、「相続について知る」「遺言書の作成」「葬儀やお墓の希望」「生前整理」「デジタル遺産」「ペットのゆくすえ」について向き合います。旅立った後では、自分の気持ちを直接伝えることができません。だからこそ、自分の気持ちをこのノートなどに残しておきましょう。そして相続をふまえて、必要なら遺言書の作成をして、自分でお葬式やお墓のプロデュースをするつもりでその希望を記録しておきましょう。

年齢と共に増えがちな身の回りのものも整理します。必要なものとそうでないものを分けて処分することで、家の中がスッキリして、ものにつまずいて転倒するリスクなどを減らすこともできます。

処分方法によって、お金がかかる場合や、反対にお金になることもあります。これも、元気で判断力があるうちに行うことをおすすめします。

また、現代はインターネットを通じて人とつながるSNSも浸透してきています。自分が旅立った後のパソコンやスマホの本体だけではなく、データをどのように処理してほしいか、SNSやブログをどのように残してほしいかなどの希望を書いておきましょう。

最後にペットも大切な家族です。家族が路頭に迷わないようにすることも大事なことです。自分自身が飼いきれなくなったときだけではなく、ペットが旅立つまでの希望とお金を準備して、ペットのゆくすえについても考えていきましょう。

相続人は誰になる？

　法定相続人になれるのは、戸籍上の配偶者と血族（血縁でつながる人）です。配偶者は常に相続人となり、ほかに優先順位が同じ人が複数いる場合は、全員が相続人となります。また、先順位の人が1人でもいる場合は、後順位の人は相続人になることはできません。さらに、婚姻関係のないパートナーや離婚した元配偶者に相続権はありません。子どもは直系卑属といい、第1順位の相続権があります。

優先順位	血族の種類
第1順位	子および代襲相続人
第2順位	両親などの直系尊属
第3順位	兄弟姉妹および代襲相続人

　代襲相続人とは、例えば自分が亡くなる前に相続人である子どもが死亡していた場合、その子どもの子ども、つまり孫が代わって相続できることです。ほかにも相続人である兄弟姉妹が死亡していた場合は、その子である甥や姪が代襲相続人となります。

　法定相続人は、自分が生まれてから今までの連続した戸籍「戸籍全部事項証明書」（戸籍謄本）で確認することができます。本籍地の市区町村役場の窓口で取得することができ、遠い場合は、郵送でも取り寄せられます。取得時には手数料と、郵送対応の場合は送料がかかります。

法定相続割合

例1）配偶者と子ども3人の場合

　　　配偶者　1/2

　　　子ども　1/2を3人で案分

　　　　　　　1人あたり1/6

例2）配偶者死亡で子ども3人の場合

　　　1人あたり1/3

　　　1人が相続放棄をした場合、相続人は2人になるので、1/2ずつ

まとめ

☑ 法定相続人になれるのは、戸籍上の配偶者と血族のみ

☑ 相続人が先に亡くなっている場合は、代襲相続人が相続する

☑ 「戸籍全部事項証明書」（戸籍謄本）を本籍地で取得して、法定相続人を確認

STEP 29 相続税はどう計算する？

相続の際には、相続税がいくらかかるのか、もしくはかからないのか気になります。ポイントは遺産総額と法定相続人の人数です。相続税は課税対象の遺産から一定の非課税枠である基礎控除を引いた金額に対して課税されます。

基礎控除額は？

計算式は、3,000万円＋（600万円×法定相続人の人数）です。例えば、配偶者と子ども3人の場合は

3,000万円+（600万円× 4人）＝5,400万円。相続税の課税対象となる財産の課税価格が1億円だった場合、基礎控除額が5,400万円なので、1億円−5,400万円＝4,600万円に対して相続税がかかることになります。法定相続割合で計算すると、

配偶者…4,600万円×1/2＝2,300万円

子ども…4,600万円×1/6＝766万円（1人あたり）

それぞれに相続税率をかけて、控除額を引くと相続税がわかります。

相続税の速算表に基づいて計算すると、

配偶者…2,300万円×15%−50万円＝295万円

子ども…766万円×10%＝76.6万円（1人あたり）

詳しい計算方法は税理士などに相談を。

相続税の速算表

法定相続分に応ずる取得金額	税率	控除額
1,000万円以下	10%	−
3,000万円以下	15%	50万円
5,000万円以下	20%	200万円
1億円以下	30%	700万円
2億円以下	40%	1,700万円
3億円以下	45%	2,700万円
6億円以下	50%	4,200万円
6億円超	55%	7,200万円

まとめ

- ☑ 基礎控除額は 3,000 万円＋（600 万円×法定相続人の人数）
- ☑ 相続税の課税対象となる財産から基礎控除額を除いて計算
- ☑ 相続税の計算や相続税対策は税理士などに早めに相談を

 COLUMN 10 「おひとりさま」の相続は？

独身者の遺産を相続できるのは、第1順位子ども、第2順位親、第3順位兄弟姉妹で、子どもがいない場合は、すべての財産を親が相続します。配偶者がいないだけで、基本的な相続の考え方は同じです。これからは生涯独身、子どもがいない、一人っ子などが増えるので、自分の遺産を誰に（どこに）託すか選ぶことも大事です。

STEP 30 遺言書が必要になるのは どんなとき？

遺言は、15歳以上で意思能力があれば誰でも作成することができます。遺言書は「誰に」「何を」「どれだけ」相続させたいかを考えながら作成しましょう。

遺言は、民法の規定より自分の意思が優先されるため、「争続」になることを防ぐこともできます。例えば独身者や、離婚・再婚をしている、子どもがいない、相続人以外に遺贈したい人がいる、内縁関係のパートナーがいる、相続をさせたくない相続人がいるといったケースなどです。

遺言書には「自筆証書遺言」「公正証書遺言」「秘密証書遺言」の3つがありそれぞれにメリット、デメリットがあります。「秘密証書遺言」は手続きが複雑で、利用者も少ないため「自筆証書遺言」と「公正証書遺言」の2つの特徴をまとめました。

	自筆証書遺言	公正証書遺言
作成方法	自分で作成	公証人が作成
証人	不要	2人以上
秘密保持	保持できる	公証人と証人に内容を知られる
家庭裁判所の検認	必要 (法務局に預けない場合)	不要
保管方法	自分 (法務局保管も可能)	原本は公証役場
費用	0円 (法務局保管は3,900円)	5,000円〜 (財産の額によって加算される)
メリット	手軽に作成でき、費用がかからない	無効になりにくく、紛失のリスクがない
デメリット	無効になる可能性がある	費用と手間がかかる

まとめ

☑ 遺言書は「誰に」「何を」「どれだけ」相続させたいかを書く

☑ 法定相続人以外に「遺贈したい人」がいれば遺言書は必須

☑ 「自筆証書遺言」は手軽だが、無効になる可能性がある

自筆証書遺言を書くときの注意点

自筆証書遺言は公正証書遺言とは異なり自分で好きなときに作成することができますが、正しく書かれていなかったり、要件を満たしていない場合は無効になってしまうことがあります。そうならないためにも、基本的なルールと注意点を理解しておきましょう。

基本的なルール

・遺言者本人が自筆で全文を書く

パソコンで作成したものや録音、録画、家族などによる代筆は無効になります。ただし、添付する財産目録などはパソコンで作成したものも有効です。

・作成した日付は正確に自筆で書く

○　2023年1月1日　令和5年1月1日、令和5年元旦

✕　2023年1月吉日　礼和5年1月1日（日付があいまい、漢字の間違い）

遺言者の死後、複数の遺言書が残っていた場合、内容が異なる場合は日付が新しいものが有効となります。

・氏名を自筆で書く

戸籍上の氏名をフルネームで書き、住所も書き入れましょう。

・印鑑を押す

名前の後ろに印鑑を印影が明瞭になるように押しましょう。実印＋朱肉がおすすめ。

・訂正がある場合

変更箇所があった場合には、具体的な変更箇所を指示して変更した旨を付記、そのうえで署名捺印し、変更箇所にも捺印を。

「自筆証書遺言保管制度」を利用しましょう

自筆証書遺言を作成したら、作成者本人が住所地もしくは本籍地の法務局にその原本を持参して保管申請をしましょう。保管費用はかかりますが、遺言書を法務局で保管できるため、遺言書の紛失や内容の不備、偽造の恐れがなくなるメリットがあります。この制度を利用した場合、家庭裁判所の検認の手続きは不要となります。

まとめ

☑ 自筆遺言証書は遺言者本人が自筆で全文を書く

☑ 作成した日付と氏名は正確に自筆で書く

☑ 「自筆証書遺言保管制度」を利用すれば、家庭裁判所の検認は不要

遺言書の作成例（実際は自筆で作成）

遺言書

遺言者、田中花子は、次のとおり遺言する。

1. 遺言者は下記財産を、長男・田中仁（平成4年10月2日生）に相続させる。

(1) 土地
   所在/東京都○○区○○三丁目1番地24号
   地目/宅地　地積/○○・○○平方メートル

(2) 建物
   所在/東京都○○区○○三丁目1番地24号
   種類/居宅　構造/木造瓦葺二階建て
   床面積/1階○○・○○平方メートル　2階○○・○○平方メートル

2. 遺言者は下記の財産を、長女・鈴木朱（平成7年7月7日生）に相続させる。

(1) 晴天銀行　港支店の遺言者名義の普通預金すべて
   口座番号　1234560　タナカ　ハナコ

(2) 月影銀行　港支店の遺言者名義の定期預金すべて
   口座番号　2202203　タナカ　ハナコ

3. 長男・田中仁（平成4年10月2日生）、長女・鈴木朱（平成7年7月7日生）は
   その余りの財産の各2分の1の割合を相続させる。

4. 遺言者は、遺言執行者に長男・田中仁（平成4年10月2日生）を指定する。

5. 付言事項
   お母さんはとても幸せな人生を送ることができました。これからも兄妹仲良く
   助け合ってくれることを望んでいます。今までありがとうね。

令和○年○月○日
東京都○○区○○三丁目1番地24号
遺言者　田中花子　㊞
付記
13行目の「2222003」を「2202203」に訂正した。田中花子

STEP 33 相続時に行う手続き一覧

被相続人の死亡と同時に相続も始まります。ここでは相続の**タイムスケジュール**を確認しながら**いつまでに何をすべきか**チェックしていきましょう。

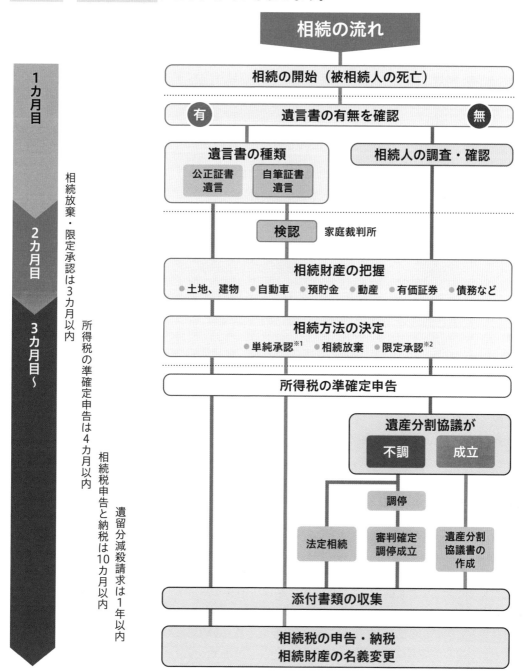

※1 「財産も債務もすべて承継する」という無条件の相続の承認。相続人は、被相続人の債務についても責任を負うことになる。 ※2 「相続により承継する債務が相続で得る財産より多い（負債超過）ときには、その財産で弁済しうる分だけを弁済する」という条件をつけた相続の承認。

STEP 34　お葬式の希望の考え方

お葬式にかかる費用は、全国平均で200万円程度というデータもありますが、どんな内容にするかでずい分違います。「葬式」とは、故人を見送る葬送儀礼である「葬儀」と、故人が生前お世話になった方々へ社会的な節目を伝える「告別式」の2つの側面があります。

最近は、お葬式が以前より簡素化される傾向があり、火葬場に運んで火葬するだけの「直葬」（費用の目安：20万円程度〜）や、葬儀から火葬までを1日で行う「一日葬」（費用の目安：30万円程度〜）などが出てきています。コロナ禍で加速して増えたのが「家族葬」（費用の目安：50万円程度〜）です。感染のリスクを抑えるため、会葬者を制限し、家族と近親者で行います。

「シンプル」「質素」がキーワードになっていますが、最近ではその意義や意味が失われて、「簡略」「粗雑」になってしまっていることが問題です。葬儀を簡素にするのなら、それとは別に告別式やお別れの会を行い、それぞれのアイディアで、故人と友人、知人、地域の方々とのお別れの機会を持ちたいと思います。本書に記入するときも、葬儀と告別式に分けて考えると希望を伝えやすいでしょう。

具体的な葬儀と告別式の希望、さらに、自分が亡くなったときに第一報を伝えてほしい人のリストはつくっておいたほうがいいでしょう（53ページ）。

遺影に使ってほしい写真、祭壇のお花の色合い、流してほしい曲など、いろいろありそうです。「こうしてほしい」と思うことだけ書いておきましょう。

「家族に迷惑をかけるから」「子どもの負担になるから」と、「何もしなくていい」と考えるのではなく、自分が社会とお別れをするときにどうしてほしいかを伝えておくのです。そのときには、自己判断、自己主張ができません。誰かに委ねることを迷惑だと考えず、委ねることができる人間関係を築いておきましょう。

COLUMN 11　葬儀社の選び方　悪徳業者に注意

葬儀社は、ネットや広告で探す人が多いのですが、中には悪徳業者もいるので、事前相談や見学などで直接会い、こちらの疑問や不安にきちんと答えてくれる業者を選びましょう。最小限かかる費用や、オプションの金額をまず聞きます。ほとんどのところはパッケージになっていますが、こちらの要望にどの程度応じてくれるのかも確認を。すでに利用した人のクチコミも参考になります。しつこく営業してくるところや、見積もりや契約書を提示しない場合などはやめておきましょう。1社ではなく、複数の葬儀社から話を聞くと、その差がわかるようになります。

事前相談や見学の際に記入する「お客さまカード」の取り扱いには注意が必要です。個人情報が流出して、ギフト会社などからDMが届くことがあります。事前相談の段階なら、匿名でもいいでしょう。

お墓の種類とかかる費用の目安

　お墓を考えるときは、まず、「わが家のお墓」の現状を確認しましょう。先祖代々のお墓の有無と、あるのなら今どのような状態でどこにあるのか、年間管理費はいくらかなど。先祖代々のお墓があって、家族や子どもが引き続き管理をしてくれるのなら、それでOK。

　そことは別に埋葬場所を指定したい、お墓がないので新しく買うという場合は、さまざまな方法があります。

　従来の墓石建立型のお墓は、寺院内にある場合は宗派が限られ、檀家になる必要があります。このタイプのお墓を新たに買う場合は、墓地を使用する権利と墓石代、年間管理費などがかかります。お墓を建てる場所によっても価格が違いますが、価格の目安は、100万〜数百万円程度。

　最近増えているのが納骨堂型のお墓。骨壺は、ロッカーのように区画された施設に収められます。多くの場合、使用期間が決まっていて、それを経過すると施設内の合葬墓に移されます。子どもがいない夫婦やシングルの人、子どもに負担をかけたくない場合に好まれます。墓石を建てるより安

く、価格の目安は、50万〜数百万円程度。アクセスがよいことも人気の要因です。

　また、樹木葬や海洋散骨なども人気です。樹木葬は、木の下に埋葬することですが、最近では小さな墓石の下に埋葬する形式のものも出てきています。海洋散骨は、決められた場所に散骨する必要があるので、船をチャーターしたり、散骨のためのツアーに参加する費用がかかります。

　お墓を決めるときは、供養を誰に委ねていくのか心づもりが肝心です。委ねる先は、お寺の住職、第三者の友人や後見人、家族や子どもなど。亡くなったあとは自分ではできないので、お墓は自分の希望2割、残される側の意向8割で考えることが重要です。

まとめ

☑ わが家のお墓の現状を確認

☑ 新しいタイプのお墓を検討してみよう

☑ 「自分の希望2割、残される側の意向8割」で考えよう

STEP 36 葬儀についての希望

自分らしい葬儀でどのように見送ってほしいのかの**希望**や**準備**を記入しておきましょう。

■ 葬儀社との生前契約の有無　　　　　記入日　　年　　月　　日

葬儀社名	連絡先	担当者
□契約、費用は支払い済み　　　年　　月　　日　　　　　円		控えの場所
□契約のみで、費用は未払い　　　　　　円　□予約のみ		□何もしていない・家族にお任せ

■ 宗教について　　　　　　　　　　　記入日　　年　　月　　日

□以下の宗教・宗派を希望します　　名称	連絡先	
□無宗教葬を希望します	□家族・親族の判断に任せる	□その他の希望（　　　　　　　）

■ 葬儀の場所の希望　　　　　　　　　記入日　　年　　月　　日

□自宅	□希望する施設がある　施設名　　　　連絡先
□家族・親族の判断に任せる	□その他の希望（　　　　　　　　　　　　　　　　　）

■ 葬儀の規模の希望　　　　　　　　　記入日　　年　　月　　日

□できるだけ豪華で盛大に	□一般的な形式でよい	□お金をかけずにできるだけ質素に
□しなくてもよい	□家族・親族の判断に任せる	□その他の希望（　　　　　　　）

■ 葬儀の形式の希望　　　　　　　　　記入日　　年　　月　　日

□一般的な葬儀（通夜・葬儀・告別式・火葬）	□家族・親族のみで直葬（納棺・火葬）
□家族葬（小規模な葬式）	□葬儀は近親者で行い、後日お別れ会など「告別式」をする
□家族・親族に任せる	□その他の希望（　　　　　　　　　　　）

■ 葬儀費用について　　　　　　　　　記入日　　年　　月　　日

□私の預金から　　　　　　銀行　　　　　支店　口座番号	
□保険金・共済金から　　保険・共済名　　　証券番号　　　　連絡先	
□互助会に加入している　　互助会名　　　　　　　　　連絡先	
□家族・親族に工面してほしい	□その他の希望（　　　　　　　）

■ 喪主などについて　　　　　　　　　記入日　　年　　月　　日

喪主	氏名	□お願いしてある　□お願いしていない	□家族・親族に任せる
世話役	氏名	□お願いしてある　□お願いしていない	□家族・親族に任せる
弔辞	氏名	□お願いしてある　□お願いしていない	□家族・親族に任せる　□不要

■ 戒名（法名・法号）についての希望　　記入日　　年　　月　　日

□標準的な戒名	□戒名は不要、俗名で	□入れてほしい文字がある　「　　　　」
□用意してある：戒名　　　　　　　連絡先		
□その他の希望（　　　　　　　　　　　　　　　　　　　　　　　　　　　）		

意思表示ができるうちに、葬儀についての希望は書いておきましょう。葬儀社と契約しても、その存在がわからなければ希望する葬儀ができない可能性があります。書いたらノートの存在を家族など身近な人に伝えておきましょう。

■ 遺影についての希望

記入日　　　年　　　月　　　日

□使ってほしい写真がある：保管場所	
□遺影は飾らないでほしい	□家族にお任せ：写真の保管場所
□その他の希望（ 　　　　　　　　　　　　　　　　　　　　　　　　　　　　　　　　　　　　　　）	

■ 祭壇についての希望

□花で飾ってほしい　希望の花の種類や色：		
□白木祭壇（伝統的な祭壇）	□できるだけシンプルに	□家族・親族に任せる
□飾ってほしいものがある：内容と保管場所		
□その他の希望（ 　　　　　　　　　　　　　　　　　　　　　　　　　　　　　　　　　　　　　　　）		

■ 死装束についての希望

□身に着けたいものがある：内容　　　　　　　　　　保管場所	
□家族にお任せ	□その他の希望（ 　　　　　　　　　　　　　　　　　）

■ 副葬品の希望についてあれば記入

棺に入れてほしいものと保管場所

■ 流してほしい曲などがあれば記入

曲名もしくは歌手名など

手紙・メッセージ音源の保管場所

■ 香典や供花について

□一般的な形式	□家族・親族にお任せ	□辞退したい
□その他の希望（ 　　　　　　　　　　　　　　　　　　　　　　　　　　　　　　　　　　　　　　）		

■ 香典返しと会葬礼状の希望

記入日　　　年　　　月　　　日

□どちらも業者が準備しているものでよい	□家族・親族に任せる
□香典返しは用意済み：連絡先	□会葬礼状の文言は準備済：保管場所
□その他の希望（ 　　　　　　　　　　　　　　　　　　　　　　　　　　　　　　　　　　　　）	

■ 亡くなった第一報を伝えてほしい人

記入日　　　年　　　月　　　日

名前	関係	住所
電話番号	メールアドレス	
名前	関係	住所
電話番号	メールアドレス	
名前	関係	住所
電話番号	メールアドレス	
名前	関係	住所
電話番号	メールアドレス	
名前	関係	住所
電話番号	メールアドレス	
名前	関係	住所
電話番号	メールアドレス	

STEP 37 お墓についての希望

自分のお墓について考えるとき、どんなところから考えればいいのかわからないという人も多いかもしれません。そこで、下記のようなチャートを用意しました。現在のお墓の状況と供養と管理を任せられる承継者（墓守）がいるかどうかなどを確認し、**自分がどうしたいのかという希望**を考えながら進めてみましょう。これに取り組むことが、**具体的なお墓のイメージ**をつくるきっかけになればと思います。

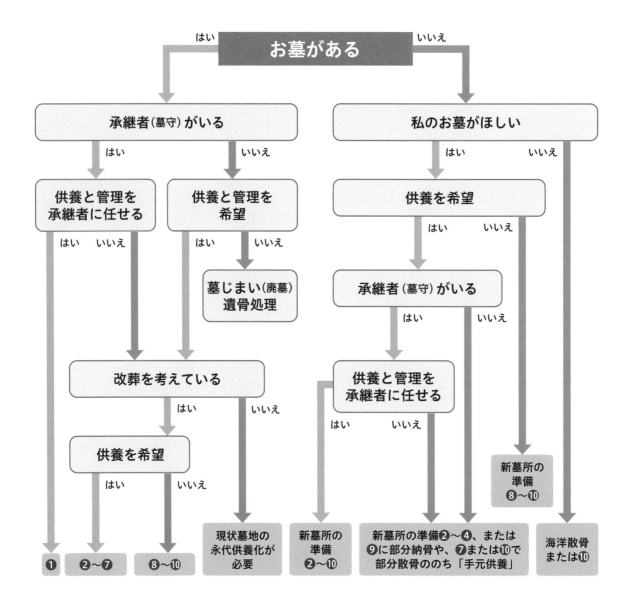

※二村祐輔 著『マイ・エンディングノート〜こころづもり〜』より

お墓にかかる費用

自分がどのようなお墓を希望するかによってもかかる費用は変わります。費用の目安は**新しくお墓を建てる場合**：100万〜300万円、**永代供養墓**：30万〜200万円、**先祖代々のお墓の引っ越し**：50万〜150万円、**永代供養納骨堂**：50万〜200万円、**樹木葬**：10万〜100万円、**散骨**5万〜30万円です。費用はあくまでも目安なので、事前に見積もりを取るようにしましょう。

❶ 現状維持・承継者に委託

❷ 境内建墓の永代供養墓（個別）

❸ 永代供養付納骨堂（個別・合祀）

❹ 永代供養付樹木墓（合祀）

❺ 限定供養の簡易的境内墓地・壁墓地など（個別→合祀）

❻ 限定供養付納骨堂（個別→合祀）

❼ 限定供養の樹木墓や庭園型の散骨墓所（個別→合祀）

❽ 民間霊園や共同墓地の芝生墓・デザイン墓（個別）

❾ 公営墓地・民間霊園の納骨堂（個別・合葬）

❿ 公営墓地・民間霊園の樹木墓などに散骨（個別・合葬）

■ お墓と納骨の希望

記入日　　　年　　　月　　　日

お墓の希望　□現状維持・承継者に委託　**❷〜❿** 番号	希望の業者など	
お墓などを用意している場合　　業者名：		契約　有・無
その他の希望（		）

■ お墓と納骨にかかる費用について

記入日　　　年　　　月　　　日

□私の預金から	銀行	支店　口座番号	
□保険金・共済金から　保険・共済名		証券番号	連絡先
□互助会に加入している　互助会名		連絡先	
□家族・親族に工面してほしい	その他の希望（		）

COLUMN 12 墓じまいの仕方　改葬と廃墓の手続き

「近所にお墓を移したい」、あるいは「田舎にあるお墓をなくしたい」という場合は、墓じまいの手続きをしましょう。お墓を移す場合は、改葬と廃墓の手続きになります。改葬をするには、まず移す先のお墓を決め、受け入れ証明をもらって、役所に行って、改葬許可申請書を出す必要があります。廃墓をするには、お墓のある寺社などに申し出て、お墓を撤去し更地にして返し、遺骨を引き取ります。この際、お墓の撤去費用のほかに閉眼供養のお布施も必要になります。移転先のお墓を新しく購入する場合は、もちろん、その費用もかかります。

お墓をなくす場合も、改葬と廃墓の手続きを行い、新たなお墓をつくらないのであれば、遺骨は合葬墓に納める、樹木葬や海洋散骨にするなどの方法を取ることが考えられます。

身の回りの片づけ
生前整理の必要性と取り組み方

生前整理とは、自分の体が元気で時間や体力に余裕があるうちに身の回りの品物やことがらを整理することです。

生前整理するものは主に「財産」と「もの」です。財産は金融資産などで、この本の1章で書き込んで、使っていない銀行口座などを解約したり、貴金属類などを売ったりすることです。

「もの」とは、写真や日記、手紙などの思い出の品や、本や趣味で集めていたもの、パソコンやスマホのデータ、生活用品などです。

生前整理はまず、「財産」からやっていきましょう。記録があるとないとでは、遺族への負担やかかる費用も大きく変わります。財産の整理が終わったら、次は「もの」の整理をしていきましょう。大事なものは、生前に「形見分け」で渡したい人へ譲ったり、貴重なコレクションはその価値がわかる仲間や団体に寄贈するなど、どのようにしたいかを考えておく必要があります。

生前整理をしておくことで、遺族の負担や相続時のトラブルが減るのは確かですが、「もの」は遺族で形見分けをして、残りは業者に処分を依頼することもできますので、無理せずコツコツと整理を進めていきましょう。

生前整理はいつから始めても構いませんが、早めに進めていくのが望ましいでしょう。また、体調に不安がある場合は、体に負担にならない範囲で1章のページを優先して埋めていくことをおすすめします。もし、書くことが難しい場合は、口述で信頼できる人に書き留めてもらう方法をとりましょう。

まとめ

☑ 生前整理には「財産」と「もの」があり、「財産」から始める

☑ 「もの」は価値がわかる人へ「形見分け」や「寄贈」をする

☑ 体力的に自分で書くことが難しい場合は、口述で信頼できる人に記録してもらう

生前整理のコツ

「もの」は、整理整頓が得意だったり、引越しをしたりといったことがない限り、年齢を重ねるごとに増えて、積み重なってしまう傾向にあります。特に本や雑誌といった紙類は重さもあるため、ある程度体力があるうちに整理をしておくほうがいいでしょう。また、「もの」であふれた住まいでは、つまずいたり袋で滑ったりするなど、ケガのリスクがあります。元気なうちに整理整頓を心がけるだけで、どこに何があるかわかる状態になり、生活がしやすくなります。つまり生前整理は家族のためだけではなく、自分のためでもあるのです。

「もの」の整理の基本的な順番は、「必要なものと、不要なもの」を分けることから始めます。あきらかに不要なものは、日ごろからこまめに捨てることはもちろんですが、眠っている不要品も適宜処分しましょう。処分方法は、ものによって異なりますが、アンティークなど価値があるものは、査定額が折り合えば専門業者に売却し、そのほかの家具などはリサイクルショップで引き取ってもらいます。ブランドバッグや子ども部屋に残っているおもちゃは専門の業者やオークション、フリマアプリで売るとよいでしょう（P59表参照）。

次に、アルバムや卒業証書、賞状、制服、プレゼントなど「思い出の品」を整理していきましょう。手元に残しておくなら1つの箱にまとめておきます。処分する場合も、絵などは、処分前に写真に撮って画像データを残しておくといつでも見ることができます。

貴重品類は1章に書くだけではなく、書類などをある程度まとめておきましょう。

まとめ

☑ 整理整頓は、生活がしやすくなるだけではなくケガの防止にもなる

☑ 体力があるうちに重量がある紙類から処分を

☑ 価値があると思われるものは専門業者で査定してもらう

生前整理のためのチェックリスト

生前整理の費用の目安

ものの量が多すぎて自分では整理がしきれない場合は、業者にお願いすることも検討しましょう。費用の目安は、**1LDK**：5万〜8万円、**2LDK**：12万〜15万円、**3LDK**：15万〜23万円ですが、荷物の量や作業人数、時間、シーズン、買い取りができるかなどによって異なりますので、まずは業者に見積もりを取ることをおすすめします。

足の踏み場がなく、ゴミとそうでないものが混在して荷物があふれ、積み上がっているなど、ゴミ屋敷レベルの場合は、ゴミ屋敷専門の業者にお願いすることをおすすめします。

■「財産」の整理 書き込みと整理が終わったらチェックを！

□銀行口座（P13）	□証券口座（P14）	□実物資産（P15）
□不動産（P16）	□保険（P18,19）	□年金（P20）
□借入金・貸付金（P22.23）	□クレジットカード、電子マネー、ポイント（P24,25）	

■「もの」の整理 仕分けをし、整理が終わったものにチェックを！

□紙類	□家具・家電	□ブランドバッグ	□服	□靴や傘など
□書籍		□アルバムなどの思い出の品	□作品やいただきもの	
□趣味で集めていたもの		□子ども部屋のもの	□トロフィーや賞状など	

■「デジタル」の整理 （P60,61 参照）

□パソコン　写真データ・文書ファイルなどの整理	□パソコン　メールアドレスなどの契約情報整理	
□携帯電話　写真データ・電話番号などの整理		
□携帯電話　有料オプションやサービスなどの契約情報の整理		
□ SNS	□有料サイト情報	□ネットの契約、プロバイダー情報

捨ててしまえばただのゴミとして処分費用などがかかりますが、売ればお金になるかもしれません。フリマアプリのメルカリの「2021年版日本の家庭に眠る"かくれ資産"調査」によると、1年以上使用しておらず、理由なく家庭に保管している不要品＝**"かくれ資産"**は国民1人あたり平均約34.5万円、1世帯あたり平均73.5万円、夫婦2人世帯（50代・60代）は100.3万円と、結構な額になります。**書籍**や**ＣＤ**、**ゲーム**、**洋服**、**ブランドバッグ**、**時計**、**家電**などがかくれ資産とされます。表を参考にしてお金にしつつ処分することを考えてみましょう。

	インターネット		実店舗（一部インターネットでも展開）	
	ネットオークション インターネット上で個人が出品・落札できる競売システム 例：ヤフオク！、モバオクなど	**フリマアプリ** インターネット上で個人が物品の売買をするフリーマーケット 例：メルカリ、ラクマなど	**リユースショップ（総合）** さまざまなアイテムの売買・販売を行う実店舗 例：セカンドストリート、オフハウスなど	**リユースショップ（専門）** カメラ、釣り道具、ゴルフ道具など特定のジャンルに力を入れ買取り・販売を行う 例：カメラのキタムラなど
業態				
やりとりの手間	✖ 出品用の写真撮影、出品登録、落札後の梱包、発送、さらには万が一のクレーム対応も自分で行う	✖ ネットオークションとほぼ同様の手間がかかる。また、質問への回答や購入後の挨拶などマメなやりとりが必要	◎ 衣類と工具などジャンルの異なる品でも一括で査定してもらえる。幹線道路沿いなどショップは各地にある	〇 専門性の高いショップは探し出す手間がかかり、また必ずしも近所にあるとは限らない
早さ	✖〜◎ いつ買い手がつくのかは相手次第	✖〜◎ いつ買い手がつくのかは相手次第	◎ 基本的に、持ち込み品はその日のうちに査定	◎ 基本的に、持ち込み品はその日のうちに査定
買取金額	✖〜◎ ほかの人と同じものを出品していると、価格を比較されやすい。半面、希少なアイテムの値上がりは天井知らず	◎ 購入前に値引き交渉をされることもあるが、おおむね自分の希望額で売買できる	✖ 買取り後の品質チェックなどをショップが責任を持って行う分、金額はかなり安い	〇 専門性の高い品の価格を深く理解しているショップは、良品に対して相応の金額を提示

PIONT 絶版や生産数が少ないものなどレアものは高額で取り引きされる傾向にあります。箱や保証書、付属品があれば必ずつけるようにしましょう。

デジタル遺産の整理の仕方

スマホやパソコンなどを所有しているならデジタル遺産の整理も大切なことです。

デジタル遺産は大きく分けて2種類あり、写真データや文書ファイルといった契約などがないオフラインのデジタル遺産と、メールアドレスやホームページ、TwitterやFacebook、InstagramなどのSNS、Microsoft365、Adobeクリエイティブクラウドといったサブスクなど、有償無償問わず契約しているオンラインのデジタル遺産があります。細かく分けると、これらに当てはまらないものもありますが、いずれにしろデジタル遺産はスマホやパソコンなどにパスワードがかかっていると、解除するのが大変ですし、パスワードを連続して間違えると機器そのものにロックがかかってしまうことがあります。さらに、アプリや契約ごとにパスワードが設定されているため、何もわからないと手の打ちようがありません。契約ごとのパスワードなども残すとともに、不要なアプリや契約はできるだけ解約して、整理しておきましょう。

また、Facebookは追悼アカウントを申請することで、自分が亡くなったことを知らせる機能があるので、利用していれば、IDとパスワードを記録しておきましょう。

ほかにも〇〇Payといったキャッシュレス決済の解約と返金対応可能かどうかも含めて、サポート窓口に問い合わせをする必要があります（P25に記入）。

ポイ活でためたポイントを相続できるかどうかは企業によって異なります。普段からできるだけポイントは使っておくとムダにならずにすみます。航空会社のマイレージは日本航空（JAL）、全日本空輸（ANA）ともに、マイレージを相続することができます。死亡後6カ月以内に手続きする必要があるのでマイレージの存在も記録しておきましょう。

まとめ

☑ 契約をしているオンラインのデジタル遺産の状況を記録しておく

☑ スマホやパソコンの中身についても意思表示をしておく

☑ キャッシュレス決済やマイレージなどの相続は企業によって異なる

STEP 42 スマホ・パソコン・SNSなどの デジタル遺産情報

パソコンやスマホなどの電子機器は**パスワード**がわからないとその後の処分に手間と時間がかかるため、記入しておくことをおすすめします。見られたくない場合は、該当部分に**個人情報保護シール**を貼っておきましょう。パスワードを**変更**したら、その都度**書き直す**ことも忘れずに行いましょう。

■ パソコン（複数選択可）　　　　　　　　　　　記入日　　　年　　月　　日

□中身を見ないでほしい　　　□中身を見ても構わない　　　□家族の判断に任せる
□デスクトップの「　　　　　　　　　　　　　　　」というファイルを開いて確認してほしい
□パソコンの中身を消去して初期化して処分してほしい
ログインパスワード

■ 携帯電話・スマホ　　　　　　　　　　　　　記入日　　　年　　月　　日

□中身を見ないでほしい　　　□中身を見ても構わない　　　□家族の判断に任せる
□「　　　　　　　　　　　　　　」というアプリを開いて確認してほしい
□携帯、スマホの中身を消去、初期化して処分してほしい
その他の希望（　　　　　　　　　　　　　　　　　　　　　　　　　　　　　　　　）
ロック解除パスワード

■ ブログ・日記　　　　　　　　　　　　　　　記入日　　　年　　月　　日

ブログについて	□ブログを開設している　　□ブログは開設していない
ブログ名	
ブログの URL	
ログイン ID	ログインパスワード
ブログについて	□閉鎖してください　　□残してください　　□家族の判断に任せる
日記について	□日記を書いています　　□日記は書いていません
日記の保管場所	
□日記は読まないでください　　□日記は読んでもかまいません	
その他の希望（　　　　　　　　　　　　　　　　　　　　　　　　　　　　　　）	

■ SNS 情報　閉鎖・解約＝閉　死亡報告をしてほしい＝報　希望するものに〇　　　記入日　　　年　　月　　日

LINE	アカウント	パスワード	（閉・報）
Facebook	アカウント	パスワード	（閉・報）
Twitter	アカウント	パスワード	（閉・報）
Instagram	アカウント	パスワード	（閉・報）
他 SNS	アカウント	パスワード	（閉・報）

■ プロバイダ・サーバー情報　　　　　　　　　記入日　　　年　　月　　日

契約会社		連絡先	
メールアドレス			
ログイン ID		ログインパスワード	

ペットのゆくすえを決めておこう

大切な家族の一員であるペットを残して亡くなるのは、後ろ髪を引かれる思いです。同居の家族がいれば、その後もペットのお世話を頼めますが、そうでない場合は自分自身が元気なうちに「ペットのゆくすえ」についても準備しておきましょう。

ペットのゆくすえを考える際にやっておきたいことは、大きく分けて3つあります。「引き取り先を考える」「保険やお金を準備する」「ペットの葬儀や埋葬方法を考える」です。

引き取り先は、家族・親族・友人・知人などに声をかけて、事前に了承を得ておくことをおすすめします。身近にそのような人がいない場合は、里親に託す、施設に預かってもらうなどの方法があります。

預けるときには、ペットについての情報をまとめておくとスムーズです。名前や普段の呼び方、持病、好きなおやつや散歩の頻度などできるだけ次の預かり先でもペットが安心して暮らせるように一番そばで見てきた親・親友として記録をしましょう。

ペット保険はもちろんのこと、ペットのお世話に関するお金をどのように準備する

かも大切です。ペットの世話を他人や施設に任せ、自分が亡くなった後も遺産の一部を使って世話をお願いするペット信託や、老犬・老猫ホームといった施設に預ける方法もあり、その際にはお金を準備する必要があります。また、ペットの病気やケガの治療費などの負担を減らすことができるペット保険にも加入しておくことをおすすめします。ペット保険は、保険会社によって補償内容はさまざまですので、比較してベストなものを選びましょう。

そして、ペットが亡くなった際にどのような葬儀や供養をしてほしいのかといった希望を残しておくことで、預け先でもスムーズに対応することができるでしょう。

まとめ

☑ ペットのゆくすえを考える際は、次の飼い主探しから始める

☑ 自分亡き後、ペットが安心して暮らせるように記録を残す

☑ ペットの保険とお金は、自分の終活費用とは別枠で備えておく